Leo N. Tolstoi

Was ist Religion?

Die Übersetzungen von
Nachman Syrkin und Iwan Ostrow

Band-Signatur
TFb_A013

Tolstoi-Friedensbibliothek
Reihe A I Band 13

Herausgegeben von
Peter Bürger

Editionsmitarbeit:
Ulrich Frey

Leo N. Tolstoi

Was ist Religion?

Die Übersetzungen von
Nachman Syrkin und Iwan Ostrow
(1902)

Nebst einem Anhang:
Der grüne Stab (1904/05),
Aus dem Lesezyklus (1904-1906)

Tolstoi Friedensbibliothek

TFb_A013

Die TFb-Buchausgaben
folgen dem Editionsprojekt
www.tolstoi-friedensbibliothek.de

Leo N. Tolstoi

WAS IST RELIGION?

Die Übersetzungen von
Nachman Syrkin und Iwan Ostrow (1902).

*Nebst einem Anhang: Der grüne Stab (1904/05),
Aus dem Lesezyklus (1904-1906)*

Tolstoi-Friedensbibliothek: Band-Signatur TFb_A013

Herausgeber, Redaktion & Gestaltung: Peter Bürger
www.tolstoi-friedensbibliothek.de
Umschlag-Abbildung: Leo N. Tolstoi im Jahr 1897,
Aufnahme Pavel Birjukov | commons.wikimedia.org

Herstellung & Verlag: BoD – Books on Demand, Norderstedt
ISBN: 978-3-7578-1695-7

Inhalt

Vorbemerkungen des Herausgebers

Die Arbeit an seiner Schrift „*Was ist Religion und worin besteht ihr Wesen?*" (Čto takoe religija i v čem suščnost' eja?) beendete Leo N. Tolstoi 1902. Der hier vorgelegte Band enthält die im gleichen Jahr erstmals veröffentlichten Übersetzungen von Dr. N. Syrkin (Verlag Hugo Steinitz) und Iwan Ostrow (Verlag Eugen Diederichs). Der im russischen Reich geborene Nathan Syrkin[1] (1868-1924), Begründer des sozialistischen Zionismus, ist vor seiner Ausweisung aus Deutschland im Jahr 1904 mit mehreren Übertragungen von Tolstoi-Traktaten hervorgetreten. Zum zweiten Übersetzer Iwan Ostrow liegen bislang – auch in den Einträgen der Deutschen Nationalbibliothek – keine weiterführenden Informationen vor.

In „*Was ist Religion?*" formuliert der 1901 ‚exkommunizierte' Russe auf denkbar scharfe Weise seine Kritik an dem – mit Staat und Besitzenden verklebten – Legitimationskomplex des verfassten Kirchentums, welcher in erster Linie auf der Heilslehre der Macht und einem irrationalen Glauben an die Gewalt gründet.

Leo N. Tolstoi, so schreibt Eugen Heinrich Schmitt 1911 in der von uns dokumentierten Einführung zur letzten Diederichs-Ausgabe der ‚Flugschriften' (→S. 59-70), sieht „in der urchristlichen Weltanschauung … nicht irgendeine besondere Religion, sondern die Religion überhaupt, wie sie in Übereinstimmung mit den Lehren all der großen Weisen aller Zeiten und Völker gegeben war, so dass eben das, was in den heiligen Lehren aller Völker das Übereinstimmende ist, die wahre Religion ausmacht und die in Formenwesen und Dogmen sich zeigenden Unterschiede der verschiedenen Konfessionen eigentlich nur eine Verhüllung dieser Religion der Menschheit bedeuten, eine irreligiöse Verunstaltung des gemeinsamen Heiligtums, der Religion" (→S. 60). Schmitt, der selbst den ‚Dogmen' durchaus einen symbolischen Wahrheitsgehalt zugesteht, vermittelt Tolstois Schrifttum aus dem Blickwinkel einer ‚neugno-

---

[1] In einigen bislang erschienenen Bänden der Tolstoi-Friedensbibliothek steht irrtümlich: *Nathan* (statt richtig: Nachman) Syrkin.

stischen' Religionsphilosophie. Seine Anfragen an das russische Vorbild betreffen u. a. die Wertschätzung bzw. Bedeutung des Individuums: „Tolstoj ... fordert, dass der Mensch als sein Ich Gott anerkenne. ... Da aber Tolstoj das Menschlich-Individuelle bloß als Dinglich-Endliches anerkennt oder als Teuflisches verwirft ..., so gewinnt dies Versenken des Ichs in die Gottheit den Sinn des Erlöschens, der bloßen Verneinung des geistigen Individuums, wie beim Nirwana der Inder. Bis an sein Lebensende äußerte daher Tolstoi Zweifel über das Fortleben des individuellen Geistes." (→S. 67)

In den übernommenen Beigaben zur Diederichs-Ausgabe „Was ist Religion?" und im neu zusammengestellten Anhang des vorliegenden Bandes werden weitere Texte des russischen Schriftstellers dargeboten: *Brief an die Minister des Innern und der Justiz* (1896); *„Gewissensfreiheit"* – über die Glaubenstoleranz (O veroterpimosti, 1901); *Der grüne Stab* (Zelenaja paločka, 1904/05); Lesungen aus der Anthologie für alle Tage (Krug čtenija, 1904-1906).

Beim Text *„Der grüne Stab"* (→S. 139-151) ist zu bedenken, dass der Titel in Verbindung steht mit Erzählungen von Tolstois ältestem Bruder aus Kindertagen: „Nikolaj kannte ein wunderbares Geheimnis, eingeritzt in ein kleines grünes Stöckchen, das am Rande einer Schlucht in der Nähe des Gutes vergraben war. Wenn der Zweig eines Tages gefunden und das Geheimnis offenbart würde, sollten alle Menschen in glücklicher Harmonie miteinander leben. Krankheiten, Leiden und das Böse verschwänden – unter den Menschen sollte es nur Liebe geben."[2]

Der Lesetext *„Das Kaffeehaus in Surat"* (→S. 153-161), eine Übertragung nach Bernardin de Saint-Pierre, steht in Bezug zu Tolstois Anliegen der interreligiösen Verständigung. Die ebenfalls der Anthologie für alle Tage entnommenen Gedanken von *Jean-Jacques Rousseau* (→S. 165-170) verweisen auf den großen Einfluss, den der französische Philosoph mit seinem Werk auf den Weg des russischen Dichters ausgeübt hat.[3]

pb

---

[2] Geir KJETSAA: Lew Tolstoj. Dichter und Religionsphilosoph. Gernsbach: Casimir Katz Verlag 2001, S. 26-27.

[3] Vgl. Jens HERLTH: Jean-Jacques Rousseau. In: M. George/ J. Herlth / Chr. Münch/ U. Schmid (Hg.): Tolstoj als theologischer Denker und Kirchenkritiker [2014]. Zweite Auflage. Göttingen: Vandenhoeck & Ruprecht 2015, S. 477-490.

Was ist Religion?

(Čto takoe religija i v čem suščnost' eja?)

1901/1902

Leo N. Tolstoi

Deutsch von Dr. Nachman Syrkin[1]

I.

Bei allen menschlichen Gesellschaften ist zu gewissen Perioden ihres Lebens eine Zeit angebrochen, in der die Religion anfangs von ihrer Grundbedeutung abwich, um alsdann, immer mehr abweichend, ihre Grundbedeutung völlig zu verlieren und endlich in den einmal feststehenden Formen zu erstarren. Die Wirkung derselben auf das Leben der Menschen wurde dann eine immer geringere. In solchen Perioden glaubt die gebildete Minderheit nicht mehr an die bestehende religiöse Lehre, giebt sich aber den Anschein, daß sie daran glaube, weil sie es für nötig erachtet, um die Volksmassen in den bestehenden Lebensformen zu erhalten; die Volksmassen halten zwar durch die Kraft der Trägheit an den einmal festgestellten Formen fest, werden aber in ihrer Lebensweise schon nicht mehr von den Anforderungen der Religion geleitet, sondern nur von den Volkssitten und Staatsgesetzen.

Dies ist mehrfach in den verschiedenen menschlichen Gesellschaften der Fall gewesen. Niemals aber kam das vor, was jetzt in unserer christlichen Gesellschaft vor sich geht. Es war niemals der Fall, daß die reiche, herrschende und gebildetere Minderheit, welche den größten Einfluß auf die Massen hat, an die bestehende Religion glaubte, sondern sie war davon überzeugt, daß die Religion jetzt nicht mehr nötig sei; daß sie den Menschen, welche an der Wahrheit ihrer Religion Zweifel hegen, nicht eine andere, vernünfti-

[1] Textquelle | Graf Leo TOLSTOI: Was ist Religion? Deutsch von Dr. N[achman]. Syrkin. Berlin: Hugo Steinitz 1902. [112 Seiten]. – Kontext: Im Februar 1901 war L. N. Tolstoi durch die Orthodoxie faktisch exkommuniziert worden.

gere und klarere Religionslehre als die bestehende beibrachte, sondern die Lehre: die Religion habe überhaupt ihre Zeit überlebt und sei jetzt nicht nur ein unnützes, sondern auch ein schädliches Organ im Leben der Gesellschaft, wie der Blinddarm im menschlichen Organismus. Diese Menschen studieren die Religion nicht als etwas aus innerer Erfahrung Resultierendes, sondern als eine äußere Erscheinung, welche gewissen Leuten anhaftet, und welche wir nur nach äußeren Symptomen zu erforschen vermögen. [→S. 71-72]

Die Religion ist nach der Meinung einiger dieser Menschen aus der Beseelung der Naturerscheinungen (Animismus) hervorgegangen; nach der Meinung anderer stammt sie aus der Vorstellung, daß es möglich sei, Beziehungen zu den verstorbenen Vorfahren zu unterhalten, nach der Meinung einer dritten Gruppe von Menschen – aus der Furcht vor den Naturgewalten. Da aber – so folgern die gelehrten Leute unserer Zeit – die Wissenschaft bewiesen hat, daß Bäume und Steine nicht beseelt sein können, daß die verstorbenen Vorfahren schon nicht mehr fühlen, was die Lebenden thun, und daß die Naturerscheinungen durch natürliche Ursachen erklärt werden, so ist auch das Bedürfnis für eine Religion, sowie für alle Beschränkungen, welche sich die Menschen infolge der Religion auferlegten, aufgehoben. Nach der Meinung der Gelehrten gab es ein Zeitalter der Unwissenheit – das religiöse. Dieses Zeitalter ist von der Menschheit schon längst überlebt; es sind nur noch spärliche statistische Merkmale davon übrig geblieben. Alsdann kam das metaphysische Zeitalter, das ebenfalls überlebt ist. Jetzt leben wir, die aufgeklärten Leute, in dem wissenschaftlichen Zeitalter, in dem Zeitalter der positiven Wissenschaft, welche die Religion ersetzt und die Menschheit auf eine solche hohe Stufe der Entwickelung führt, die sie niemals hätte erreichen können, wenn sie sich den abergläubischen religiösen Lehren unterworfen hätte.

Zu Anfang des Jahres 1901 hielt der berühmte französische Gelehrte Berthelot eine Rede[2]* worin er seinen Zuhörern den Gedanken mitteilte, daß die Zeit der Religion vorüber sei, und daß die Religion jetzt durch die Wissenschaft ersetzt werden müsse. Ich citiere diese Rede deshalb, weil sie mir zuerst in die Hände geraten ist und in der Hauptstadt der gebildeten Welt von einem allgemein aner-

---

[2] *Revue de Paris, janvier 1901.

kannten Gelehrten gehalten wurde. Der gleiche Gedanke wird indessen beständig und überall ausgesprochen, angefangen bei philosophischen Traktaten bis hinab zu Zeitungs-Feuilletons. Herr Berthelot sagt in dieser Rede, daß es früher zwei Prinzipien gab, welche die Menschheit leiteten: die Gewalt und die Religion. Jetzt aber seien diese bewegenden Prinzipien überflüssig geworden, indem an ihre Stelle die Wissenschaft getreten sei. Unter der Wissenschaft versteht aber Herr Berthelot augenscheinlich, ebenso wie alle Leute, die an die Wissenschaft glauben, eine solche Wissenschaft, die alle Gebiete menschlicher Erkenntnis, die harmonisch vereinigt und je nach ihrer Wichtigkeit untereinander gegliedert ist, erfaßt, und solche Methoden besitzt, daß alle von ihr überkommenen Daten die unzweifelhafte Wahrheit darstellen. Da aber eine solche Wissenschaft in Wirklichkeit nicht existiert und da die sogenannte Wissenschaft eine Sammlung von zufälligen, durch nichts zusammenhängenden Kenntnissen bildet, die mitunter ganz unnötig sind, und nicht nur keine unzweifelhafte Wahrheit darstellen, sondern sehr häufig aus den gröbsten, heute als Wahrheit geltenden und morgen umgestoßenen Irrtümern bestehen, so ist es klar, daß der Begriff nicht vorhanden ist, welcher nach der Meinung des Herrn Berthelot die Religion ersetzen soll. Darum ist denn auch die Behauptung des Herrn Berthelot, sowie der ihm gleichgesinnten Menschen, daß die Wissenschaft die Religion ersetzen werde, ganz willkürlich und aus den durch nichts gerechtfertigten Glauben an die Unfehlbarkeit der Wissenschaft gegründet, gleich dem Glauben an die Unfehlbarkeit der Kirche. Indessen sind Männer, welche Gelehrte heißen und sich auch für Gelehrte halten, vollständig davon überzeugt, daß bereits eine solche Wissenschaft existiere, die die Religion ersetzen müsse und könne und dieselbe sogar bereits aufgehoben habe.

„Die Religion hat sich überlebt; an irgend etwas außer der Wissenschaft zu glauben, ist Unwissenheit. Die Wissenschaft wird alles ordnen, und man darf sich nur von ihr im Leben leiten lassen," – so denken und sprechen sowohl die Gelehrten selbst, wie die Leute aus der großen Menge, die zwar der Wissenschaft selbst fern stehen, den Gelehrten aber Glauben schenken und zusammen mit ihnen behaupten, daß die Religion ein überlebter Aberglaube ist und daß man sich im Leben nur von der Wissenschaft leiten lassen müsse, d. h. eigentlich von nichts, da doch die Wissenschaft, ihrem eigenen

Ziele entsprechend, keine Anleitung für das Leben zu geben vermag.

II.

Die gelehrten Männer unserer Zeit haben entschieden, daß Religion nicht mehr nötig sei, daß die Wissenschaft sie ersetzen werde, wenn sie dieselbe nicht schon abgelöst habe. Indessen aber hat wie früher, so auch jetzt ohne Religion niemals eine menschliche Gesellschaft oder auch ein einzelner vernünftiger Mensch gelebt. (Ich sage deshalb vernünftiger Mensch, weil der unvernünftige Mensch, ebenso wie das Tier, auch ohne Religion leben kann.) Und zwar kann der vernünftige Mensch darum nicht ohne Religion leben, weil nur die Religion dem vernünftigen Menschen die ihm notwendige Anleitung darüber giebt, was er zu thun habe und was man früher und später thun solle. Der vernünftige Mensch kann eben deshalb ohne Religion nicht leben, weil die Vernunft eine Eigenschaft seiner Natur ist. Jedwedes Tier wird in seinen Handlungen – außer denjenigen, zu welchen die Lust der Befriedigung seiner Triebe es hinreißt, – von der Rücksicht auf die nächsten Folgen seines Handelns geleitet. Indem das Tier diese Folgen mit den ihm zu Gebote stehenden Hilfsmitteln der Erkenntnis überlegt, bringt es seine Handlungen mit jenen Folgen in Übereinstimmung, daß es immer ohne zu schwanken, gleichmäßig dieser Überlegung entsprechend, handelt. So fliegt z. B. die Biene nach Honig aus und trägt ihn in den Stock, weil sie im Winter die von ihr gesammelte Nahrung für sich und die Jungen brauchen wird; über diese Erwägung hinaus weiß sie nichts und kann sie nichts wissen. Ebenso verfährt der Vogel, der sein Nest baut, oder von Norden nach Süden oder umgekehrt zieht. Und auch jedes andere Tier verfährt so, wenn es eine Handlung vollzieht, die nicht einem direkten momentanen Bedürfnisse entspringt, sondern durch die Überlegung erwarteter Folgen bedingt wird. Anders aber ist es beim Menschen. Der Unterschied zwischen Mensch und Tier besteht darin, daß die Erkenntnisfähigkeit des Tieres sich auf das beschränkt, was wir Instinkt nennen, während die hauptsächliche Erkenntnisfähigkeit des Menschen die Vernunft ist. Die Biene, die ihre Nahrung einsammelt, kann keinen Zweifel darüber hegen, ob es gut oder schlecht sei, sie einzusammeln. Aber der Mensch, der die Ernte oder die Früchte einsammelt, kann nicht umhin, daran zu denken – ob er nicht für zukünftige Zeit das Wachstum des Korns oder der Früchte vernichte? oder daran – ob er durch dieses Einsammeln nicht dem Nächsten die Nahrung wegnehme? Er kann nicht umhin, auch daran zu denken, was aus jenen Kindern werden wird, welche er ernährt? und mancherlei anderes. Die wichtigsten Fragen der Lebensführung können durch den vernünftigen Menschen nicht endgültig entschieden werden und zwar gerade wegen der Überfülle der Folgen, an die er denken muß. Jeder vernünftige Mensch fühlt, wenn er es nicht weiß, daß er in den allerwichtigsten Lebensfragen sich weder von Persönlichen Gefühlsregungen, noch von Erwägungen über die nächsten Folgen seiner Thätigkeit leiten lassen kann, weil er zu verschiedene und oft entgegengesetzte Folgen sieht, d. h. solche, die wahrscheinlich ebenso wohlthätig, wie schädlich sein können, sowohl was ihn, als was andere Menschen angeht. Es giebt eine Legende, nach der ein Engel, der auf die Erde zu einer frommen Familie niederstieg, daselbst ein Kindchen tötete, welches in der Wiege lag; als man ihn fragte, weshalb er dies gethan, erklärte er, daß dieses Kind der größte Bösewicht geworden wäre und seiner Familie viel Unglück gebracht hätte. Aber nicht nur die Frage, welches Menschenleben nützlich, unnütz oder schädlich ist, sondern alle wichtigen Lebensfragen können vom vernünftigen Menschen nicht durch die Rücksichtnahme auf ihre nächsten Beziehungen und Folgen entschieden werden. Der vernünftige Mensch kann sich nicht durch jene Erwägungen befriedigt fühlen, welche die Handlungen des Tieres bestimmen. Der Mensch kann sich als Tier unter Tieren, die nur für den gegenwärtigen Tag leben, betrachten, er kann sich auch als Mitglied der Familie, der Gesellschaft, des Volkes, welches Jahrhunderte lebt, betrachten. Er kann und soll sich sogar unbedingt (weil ihn die Vernunft unaufhaltsam dahin führt) als einen Teil der großen Welt ansehen, welche in der Zeit unendlich ist. Darum sollte der vernünftige Mensch in Bezug auf die unendlich kleinen Lebenserscheinungen, die seine Handlungen bestimmen können, das thun und hat es auch immer gethan, was in der Mathematik als Integrierung bezeichnet wird, d. h. er muß alle seine Handlungen nicht nur zu den nächsten Lebenserscheinungen, sondern zur ganzen, in Zeit und Raum unendlichen, Welt in Beziehung bringen. Die Schaffung solcher Beziehungen des Menschen zu dem Ganzen, von dem er sich selber als einen Teil fühlt und aus dem er eine Anleitung für seine Handlungen entnimmt, dies ist es eben, was Religion genannt wurde und genannt wird. Und darum war die Religion immer eine Notwendigkeit und eine unabweisbare Lebensbedingung für den vernünftigen Menschen und die vernünftige Menschheit und kann es niemals aufhören zu sein.

III.

So wurde auch die Religion immer von denjenigen Menschen aufgefaßt, welche des höchsten, d. h. des religiösen Bewußtseins nicht entbehrten, das den Menschen vom Tier unterscheidet. Die älteste und gebräuchlichste Definierung der Religion, wovon auch das Wort stammt: *religio* (*religare*, binden) besteht darin, daß die Religion das Band zwischen dem Menschen und Gott ist. *Les obligations de l'homme envers Dieu, voilà la religion*, sagt Vauvenargues. Die gleiche Bedeutung legen der Religion Schleiermacher und Feuerbach bei, indem sie anerkennen, daß die Grundlage der Religion die Erkenntnis der Abhängigkeit des Menschen von Gott ist. *La religion est une affaire entre chaque homme et Dieu.* (Bayle.) *La religion est le résultat des besoins de l'âme et des effets de l'intelligence.* (B. Constant.) Die Religion ist für den Menschen ein gewisses Hilfsmittel der Verwirklichung seiner Beziehung zu den übermenschlichen und geheimen Kräften, von welchen er sich abhängig glaubt. (Goblet d'Alviella.) Die Religion ist die Bestimmung des Menschenlebens mittels der Verbindung der Menschenseele mit jenem geheimnisvollen Geist, dessen Herrschaft über die Welt und über sich vom Menschen anerkannt wird und mit welchem er sich vereint fühlt. (A. Reville.)

Das Wesen der Religion wurde demnach und wird auch jetzt von Menschen, die der höchsten menschlichen Eigenschaft nicht entbehren, als eine Feststellung der Beziehung des Menschen zu dem unendlichen Wesen oder den Wesen, deren Macht er über sich fühlt, aufgefaßt. Und diese Beziehung, wie verschieden sie auch immer für die verschiedenen Völker und in verschiedenen Zeiten gewesen ist, gab den Menschen immer ihre Bestimmung in der Welt an, aus welcher natürlicherweise auch die Anleitung für ihre Handlungsweise entsprang. Der Jude verstand seine Beziehung zum Unendlichen in der Weise, daß er ein Glied des von Gott auserwählten Volkes sei, und daß er deshalb den von Gott mit diesem Volke geschlossenen Vertrag wahren müsse. Der Grieche verstand seine Beziehung in der Weise, daß er, da er doch von den Stellvertretern der Unendlichkeit – den Göttern – abhängig ist, das thun müsse, was ihnen angenehm ist. Der Brahmane verstand seine Beziehung zum unendlichen Brahma in der Weise, daß er eine Erscheinung dieses Brahma sei und daß er durch den Verzicht auf das Leben nach einer Verschmelzung mit diesem höchsten Wesen streben müsse. Der Buddhist verstand und versteht seine Beziehung zum Unendlichen in der Weise, daß er, aus einer Lebensform in die andere übergehend, unvermeidlich leidet; da aber die Leiden aus Leidenschaften und Wünschen hervorgehen, so müsse er deshalb nach der Vernichtung aller Leidenschaften und Wünsche und nach dem Übergang in das Nirvana streben. Jedwede Religion ist die Feststellung der Beziehung des Menschen zum unendlichen Dasein, an welchem er sich selbst teilnehmend fühlt und aus welchem er die Leitung für seine Handlungsweise entnimmt. Und wenn darum die Religion die Beziehung des Menschen zum Unendlichen nicht feststellt, wie zum Beispiel der Götzendienst oder die Zauberer es thun, so ist das schon keine Religion mehr, sondern nur eine Entartung derselben. Wenn auch die Religion die Beziehung des Menschen zu Gott regelt, jedoch mit Behauptungen, die mit der Vernunft und den modernen Kenntnissen nicht übereinstimmen, sodaß der Mensch an diese Behauptungen nicht glauben kann, so ist dies ebenfalls keine Religion mehr, sondern nur ein Ebenbild derselben. Wenn die Religion nicht das Leben des Menschen mit dem unendlichen Dasein vereinigt, so ist das auch keine Religion. Und ebenfalls ist keine Religion – die Forderung, an solche Satzungen zu glauben, aus denen sich keine bestimmte Richtung für die menschliche Handlungsweise ergiebt.

Die wahre Religion ist diejenige, welche Vernunft und Wissen des Menschen zu dem ihn umgebenden unendlichen Leben in

Beziehung bringt, wodurch sein Leben mit diesem Unendlichen verbunden und seine Handlungsweise gelenkt wird.

IV.

Wiewohl nirgend und niemals die Menschen ohne Religion weder gelebt haben, noch leben, sagen doch die gelehrten Männer unserer Zeit, ebenso wie jener Arzt von Molière, der versichert, daß sich die Leber auf der linken Körperhälfte befinde: *nous avons changé tout cela*, daß es möglich und nötig sei, ohne Religion zu leben. Aber wie die Religion es war, so bleibt sie auch jetzt die hauptsächlichste bewegende Kraft, das Herz des Lebens der menschlichen Gesellschaft, und wie ohne Herz, so kann auch ohne Religion kein vernünftiges Leben existieren. Auch jetzt sind viele verschiedene Religionen vorhanden, weil der Ausdruck der menschlichen Beziehung zum Unendlichen, zu Gott oder zu den Göttern, verschieden ist gemäß der Zeit und der Entwickelungsstufe der verschiedenen Völker; aber niemals hat auch nur eine einzige menschliche Gesellschaft, seitdem die Menschen als vernünftige Geschöpfe existierten, ohne Religion leben können, und darum hat sie auch nicht und kann sie auch nicht ohne Religion gelebt haben und leben.

Es gab und giebt allerdings im Leben der Völker Perioden, da die bestehende Religion so entstellt war und so hinter dem Leben zurückblieb, daß sie dasselbe nicht mehr leitete. Dieses, zu gewisser Zeit in jeder Religion eintretende, Aufhören der Einwirkung auf das Leben der Menschen war aber für gewöhnlich nur vorübergehend. Die Religion besitzt, wie alles Lebendige, die Eigenschaft zu keimen, sich zu entwickeln, zu altern, abzusterben, dann wieder aufzuleben, und zwar in vollendeterer Form, als vorher. Nach einer Periode der höchsten Entwickelung der Religion tritt immer eine Periode ihrer Entkräftung und Erstarrung ein, worauf gewöhnlich eine Periode der Wiedergeburt und der Begründung einer vernünftigeren und klareren Religionslehre, als die frühere war, beginnt. Solche Perioden der Entwickelung, des Absterbens und der Wiedergeburt gab es in allen Religionen. Als die tiefsinnige brahmanische Religion zu altern und in den einmal festgestellten groben Formen zu versteinern begann, welche von ihrem Grundgedanken abwichen, da erschienen von der einen Seite eine Wiedergeburt des Brahmaismus, und von der andern die hohe Lehre des Buddhismus, die den Begriff von der Beziehung der Menschheit zum Unendlichen weiter entwickelten. Solch ein Verfall war auch in der griechischen und römischen Religion eingetreten, und ebenso entwickelte sich, nachdem der Verfall bis zur höchsten Stufe gediehen war, das Christentum. Dasselbe geschah mit dem Kirchen-Christentum, welches in Byzanz zur Bilderdienerei und Vielgötterei ausartete, indem als Gegengewicht dieser Entartung des Christentums einerseits die Paulicianer erschienen, andererseits, im Gegensatz zur Lehre von der Dreieinigkeit und der Gottesgebärerin, der strenge Muhammedanismus mit seinem Grunddogma des einzigen Gottes erstand. Dasselbe war auch mit dem päpstlichen mittelalterlichen Christentum der Fall, welches die Reformation hervorrief. Die Perioden der Entkräftung der Religion in dem Sinne ihrer Einwirkung auf die Wahrheit der Menschen bilden demnach die notwendige Bedingung des Lebens und der Entwickelung aller religiösen Lehren. Dies hat darin seinen Grund, daß jegliche religiöse Lehre in ihrem wahren Sinne, wie grob dieselbe auch sei, immer die Beziehung des Menschen zum Unendlichen feststellt, welche für alle Menschen dieselbe bleibt. Jede Religion erkennt den Menschen als gleich nichtig vor dem Unendlichen, und darum schließt jede Religion immer den Begriff der Gleichheit aller Menschen vor demjenigen, was sie als Gott betrachtet, in sich, – sei es nun der Blitz, der Wind, ein Baum, ein Tier, ein Heros, ein toter oder sogar ein lebender Herrscher, wie dies in Rom der Fall war. Die Anerkennung der Gleichheit aller Menschen ist somit die unvermeidliche Grundeigenschaft jeglicher Religion. Da aber in Wirklichkeit eine Gleichheit der Menschen unter sich niemals und nirgends bestand oder besteht, so geschah es, daß sofort nach Erscheinen einer neuen religiösen Doktrin, die immer die Anerkennung der Gleichheit aller Menschen in sich schloß, die Leute, für welche die Ungleichheit vorteilhaft war, diese Grundeigenschaft der religiösen Lehre dadurch zu verbergen suchten, daß sie die religiöse Lehre selbst entstellten. Dies geschah auch immer und überall, wo eine neue religiöse Doktrin erschien. Und dies geschah meistenteils nicht bewußt, sondern nur darum, weil die Menschen, für welche die Ungleichheit vorteilhaft war, die Mächtigen, die Reichen, sich mit allen Mitteln bemühten, die religiöse Lehre so zu deuten, daß die Ungleichheit erhalten blieb, um sich vor der angenommenen Lehre als gerecht zu fühlen, ohne doch dabei die eigene Lage zu ändern. Die Entstellung der Religion, bei welcher die Herrschenden sich zur Herrschaft berechtigt halten konnten, wurde natürlicherweise auf die Massen übertragen und flößte diesen den Glauben ein, daß ihre Unterwerfung unter die Herrschenden eine Forderung der von ihnen angenommenen Religion sei.

V.

Jede menschliche Thätigkeit wird durch drei Leitmotive hervorgerufen: durch das Gefühl, die Vernunft und die Eingebung, eine Eigenschaft, welche die Ärzte Hypnose nennen. Mitunter handelt der Mensch nur unter dem Einfluß des Gefühls, indem er das erreichen will, was er begehrt, mitunter nur unter dem Einfluß der Vernunft, welche ihn darauf hinweist, was er thun soll; mitunter und am häufigsten handelt der Mensch, weil er selbst oder die anderen Menschen ihm eine gewisse Thätigkeit suggeriert haben, und er sich unbewußt der Suggestion unterwirft. Unter normalen Lebensbedingungen nehmen alle diese drei Leitmotive an der menschlichen Thätigkeit teil. Das Gefühl reißt den Menschen zu einer gewissen Thätigkeit hin, die Vernunft untersucht die Übereinstimmung dieser Thätigkeit mit der Umgebung, der Vergangenheit und der Zukunft, die Suggestion zwingt den Menschen, die durch das Gefühl hervorgerufenen und durch die Vernunft gebilligten Handlungen auszuführen, ohne dabei selbst zu fühlen und zu denken. Wenn das Gefühl nicht wäre, so würde der Mensch nichts unternehmen; wenn die Vernunft nicht wäre, so würde der Mensch sich gleichzeitig vielen entgegengesetzten und ihm und anderen schädlichen Beschäftigungen hingeben; wenn die Fähigkeit, der eigenen und fremden Eingebung zu gehorchen nicht wäre, so müßte der Mensch unaufhörlich jenes Gefühl haben, das ihn zu einer gewissen Thätigkeit bewegte und fortwährend seine Vernunft zur Prüfung der Zweckmäßigkeit dieses Gefühls anstrengen. Darum sind all diese drei bewegenden Kräfte auch für die einfachste, menschliche Thätigkeit notwendig. Wenn der Mensch von einem Ort an einen andern geht, so geschieht dies deshalb, weil das Gefühl ihn dazu treibt, weil die Vernunft diese Absicht billigte, die Mittel der Ausführung vorschrieb (im gegebenen Falle das Schreiten auf einem gewissen Wege), und weil die Muskeln des Körpers gehorchen. Während er geht, werden Gefühl und Vernunft für eine andere Thätigkeit frei, was nicht eintreten könnte, wenn die Fähigkeit der Eingebung zu gehorchen nicht bestände. So geschieht dies bei jeglicher menschlichen Thätigkeit und auch bei der allerwichtigsten, der religiösen Thätigkeit. Das Gefühl ruft das Bedürfnis nach Feststellung der Beziehung des Menschen zu Gott hervor; die Vernunft bestimmt diese Beziehung; die Eingebung bewegt den Menschen zu der Thätigkeit, welche aus dieser Beziehung entspringt. Aber dies geschieht nur so lange derart, wie die Religion noch keiner Entstellung ausgesetzt war. Sobald diese Entstellung eintritt, wird die Eingebung immer stärker und die Thätigkeit des Gefühls und der Vernunft immer schwächer. Die Mittel der Eingebung sind aber immer und überall die gleichen. Diese Mittel bestehen darin, daß man unter Benutzung desjenigen menschlichen Zustandes, in dem der Mensch am meisten empfänglich für Eingebungen ist (Kindesalter, wichtige Lebensereignisse – Geburten, Eheschließungen, Todesfall), auf ihn durch Werke der Kunst einwirkt: durch Architektur, Bildhauerkunst, Malerei, Musik, dramatische Vorstellungen, und in diesem Zustande der Empfänglichkeit – welcher dem ähnlich ist, der bei einzelnen Menschen durch Einschläfern erreicht wird – ihm das suggeriert, was den Eingebern wünschenswert ist.

Diese Erscheinung kann man bei allen alten Glaubenslehren beobachten: sowohl bei der erhabenen Lehre des Brahmaismus, die in grobe Anbetung zahlloser Abbilder in verschiedenen Tempeln bei Gesang und Räuchern ausgeartet ist, wie bei der altjüdischen Religion, die von den Propheten gepredigt wurde und sich dann in eine Anbetung Gottes in einem herrlichen Tempel bei feierlichen Gesängen und Umzügen verwandelte, sich auch bei den zahllosen, feierlichen Bräuchen in den geheimnisvollen Lamaismus verwandelte, wie auch bei dem Taotismus mit seiner Zauberei und seinen Beschwörungen.

Sobald die religiösen Lehren zu entarten anfangen, verwenden die Wächter der Religionslehre alle Anstrengungen immer darauf, den Menschen das zu suggerieren, was sie selbst brauchen, indem sie dieselben in einen Zustand geschwächter Vernunftthätigkeit versetzen. Man mußte aber bei allen Religionen immer dieselben drei Satzungen suggerieren, welche als Basis aller der Entstellungen dienen, denen die alternden Religionen ausgesetzt waren. Erstens, daß es eine besondere Art Menschen gäbe, welche allein die Vermittler zwischen den Menschen und Gott oder den Göttern sein können; zweitens, daß Wunder geschahen und geschähen, welche die Wahrheit dessen beweisen und bekräftigen, was diese Vermittler zwischen Menschen und Gott sagen; und drittens, daß es bestimmte Worte gäbe, die in der Tradition leben oder in Büchern stehen, welche den unwandelbaren Willen Gottes oder der Götter ausdrücken und deshalb heilig und unfehlbar sind. Sobald aber unter dem Einfluß der Hypnose diese Satzungen angenommen sind, so wird auch alles, was die Vermittler zwischen Gott und den Menschen sprechen, als heilige Wahrheit angenommen, und das Hauptziel der religiösen Entartung ist erreicht – nicht nur die Verhüllung des Gesetzes der Gleichheit aller Menschen, sondern auch Schaffung und Begründung der allergrößten Ungleichheit, die Einteilung in Kasten, die Scheidung in Menschen und in Sklaven, in Rechtgläubige und in Ungläubige, in Heilige und Sünder. Ganz dasselbe geschah und geschieht auch im Christentum: die vollkommen ungerechte Einteilung der Menschen untereinander, und zwar nicht nur in dem Sinne des Verständnisses der Lehre in den Klerus und das Volk, sondern auch in dem Sinne der gesellschaftlichen Stellung – in Gewalt besitzende Menschen und solche, die sich jener Gewalt unterwerfen müssen, die Paulus als von Gott selbst eingesetzt betrachtet, wurde anerkannt.

VI.

Die Ungleichheit der Menschen, nicht nur des Klerus und der Laien, sondern auch der Reichen und der Armen, der Herren und der Knechte, ist durch die christliche Kirchenreligion in bestimmten und schroffen Formen festgesetzt worden, ebenso wie in anderen Religionen. Urteilen wir aber nach jenen Thatsachen, welche wir über den anfänglichen Zustand des Christentums haben, urteilen wir nach der in den Evangelien zum Ausdruck gekommen Lehre, so scheint es, daß die hauptsächlichsten Mittel der Entstellung, die in anderen Religionen vorkommen, vorausgesehen wurden, und daß eine Warnung davor klar ausgesprochen wurde. Gegen den Stand der Priester ist geradezu gesagt, daß kein Mensch der Lehrer des andern sein könne (nennet euch nicht Väter und Lehrer); gegen die Thatsache, daß Büchern eine geheiligte Bedeutung zugeschrieben wird, wird gesagt, daß der Geist und nicht der Buchstabe das Wichtige sei und daß die Menschen nicht menschlichen Überlieferungen glauben sollen; und daß ferner das ganze Gesetz und die Propheten, d. h. alle Bücher, welche man für heilige Schriften hielt, nur darauf hinaus führen, daß du mit deinem Nächsten so verfahren sollst, wie du willst, daß es mit dir geschehe. Wenn nichts gegen die Wunder gesagt ist und im Evangelium selber Wunder beschrieben sind, die angeblich Jesus vollbracht habe, so ist trotzdem aus dem ganzen Geist der Lehre ersichtlich, daß Jesus die Wahrheit seiner Lehre nicht auf Wunder gründete, sondern auf die Lehre selbst. („Wer wissen will, ob meine Lehre wahr sei, der mag thun, was ich sage.") Am wichtigsten ist aber, daß das Christentum die Gleichheit der Menschen verkündet, und zwar nicht als Folgerung aus der Beziehung der Menschen zum Unendlichen, sondern als Grundlehre der Brüderlichkeit aller Menschen, da alle als Kinder Gottes anerkannt werden. Und darum sollte es doch unmöglich scheinen, das Christentum so zu entstellen, daß dabei das Bewußtsein der Gleichheit der Menschen untereinander beseitigt würde.

Allein der menschliche Verstand ist erfinderisch und es wurde, vielleicht unbewußt oder halb bewußt, ein noch ganz neues Mittel (*truc*, wie die Franzosen sagen) erdacht, um die evangelischen Warnungen und die offenbare Verkündigung der Gleichheit aller Menschen unwirksam zu machen. Dieser *truc* besteht darin, daß die Unfehlbarkeit nicht nur einem gewissen Buchstaben, sondern auch einer gewissen Versammlung von Menschen zugeschrieben wurde, welche die Kirche heißt, und welche das Recht hat, diese Unfehlbarkeit den von ihr auserwählten Menschen zuzuschreiten.

Es wurde eine kleine Hinzufügung zu den Evangelien erdacht, und zwar, daß Christus, als er gen Himmel fuhr, gewissen Menschen das ausschließliche Recht übergeben habe, nicht nur die

Menschenkinder die göttliche Wahrheit zu lehren (er übergab zugleich nach dem Buchstaben des Verses des Evangeliums auch das Recht, welches gewöhnlich nicht benutzt wird – unverletzlich zu sein für Schlangen, jegliches Gift und Feuer), sondern auch die Menschen selig zu machen oder zu verdammen und, was die Hauptsache ist, dieses Recht auch auf andere Menschen zu übertragen. Sobald aber der Begriff der Kirche festgesetzt war, wurden auch schon alle Satzungen des Evangeliums unwirksam, welche eine Entstellung verhindern sollten, da die Kirche älter war als die Vernunft, sowie die für heilig anerkannten Schriften. Die Vernunft wurde als Quelle des Irrtums erklärt; das Evangelium wurde nicht so ausgelegt, wie es der gesunde Verstand verlangte, sondern wie es diejenigen haben wollten, welche die Kirche bildeten.

Und darum wurden alle drei früher genannten Mittel der Religionsentstellung: die Priesterschaft, die Wunder und die Unfehlbarkeit der Schrift – auch im Christentum in voller Kraft anerkannt. Anerkannt wurde das rechtmäßige Vorhandensein von Vermittlern zwischen Gott und den Menschen, weil die Kirche die Notwendigkeit und Gesetzlichkeit der Vermittler anerkannte; anerkannt wurde die Wirklichkeit der Wunder, weil die unfehlbare Kirche dieselben bezeugte; die Bibel wurde als heilig anerkannt, weil die Kirche sie als solche erklärte.

Und so wurde das Christentum ebenso entstellt, wie alle anderen Religionen, mit dem Unterschiede nur, daß gerade aus dem Grunde, weil das Christentum mit besonderer Klarheit die Gleichheit aller Menschen als Kinder Gottes verkündigte, es nötig war, die ganze Lehre besonders stark zu entstellen, um ihre Grundsatzung zu verdecken. Und dies wurde denn auch vermittels des Begriffes der Kirche erreicht, und zwar in einem solchen Maß, wie es noch bei keiner religiösen Lehre geschehen war. Und in der That, niemals predigte eine Religion solche Satzungen, die so offenbar der Vernunft und dem modernen Wissen der Menschen widersprechen und wie die, welche das kirchliche Christentum predigt. Um schon von allem Unsinn des alten Testaments zu schweigen, wie z. B. die Erschaffung des Lichtes vor der Sonne, die Erschaffung der Welt vor sechstausend Jahren, das Unterbringen aller Tiere in der Arche, und auch von verschiedenen, unsittlichen Abscheulichkeiten zu schweigen, wie z. B. die Vorschrift der Tötung von Kindern und ganzen Völker-

schaften auf Befehl Gottes ....
[Es folgen im Druck fünfzehn punktierte Zeilen zur Kenntlichma-
chung einer Auslassung (Zensur, Selbstzensur)][3] .... Und
was kann unsittlicher sein, als die schreckliche Lehre, nach der der
zornige und rachgierige Gott alle Menschen für die Sünde Adams
bestraft und zu ihrer Erlösung seinen Sohn auf die Erde sendet, im
voraus wissend, daß die Menschen ihn töten und deswegen verdammt werden; und was unsittlicher, als, daß die Erlösung der
Menschen von der Sünde in der Taufe und in dem Glauben bestehe,
daß sich all dieses gerade so zutrug, und daß Gottes Sohn durch die
Menschen behufs Erlösung der Menschen getötet wurde, und daß
Gott diejenigen, welche daran nicht glauben, mit ewigen Qualen be-
strafen werde. Abgesehen schon davon, was von einigen als Beifügung zum Hauptdogma dieser Religion gerechnet wird, wie z. B.
der Glaube an verschiedene Reliquien, an die Bilder verschiedener
Mütter Gottes, an Bittgebete, welche je nach ihrer Spezialität, an verschiedene Heilige gerichtet werden; abgesehen von der Lehre der
Prädestination der Protestanten, so sind doch die allgemein anerkannten Grundlagen dieser Religion, die durch das Nicäische Glaubensbekenntnis festgestellt wurden, so sinnlos und unsittlich, widersprechen so sehr der gesunden, menschlichen Empfindung und
Vernunft, daß die Menschen daran nicht glauben können. Die Menschen können mit den Lippen gewisse Worte wiederholen, aber sie
können nicht an das glauben, was keinen Sinn hat. Man kann mit
den Lippen sagen: ich glaube daran, daß die Welt vor sechstausend
Jahren erschaffen wurde, oder sagen: ich glaube, daß Christus gen
Himmel geflogen ist und dort zur Rechten des Vaters sitzet; oder
daß Gott einer und doch zu gleicher Zeit drei sei; aber glauben an
all das kann niemand, weil diese Worte eben keinen Sinn haben.
Und darum glauben die Menschen unserer Welt, welche sich zu diesem entstellten Christentum bekennen, in Wirklichkeit an nichts.
Und darin besteht die Eigentümlichkeit unserer Zeit.

---

[3] [Vgl. in der Übersetzung von Iwan Ostrow →S. 85-86.]

VII.

Die Menschen unserer Zeit glauben an nichts, und dennoch bilden sie sich nach jener falschen Glaubensbestimmung, die sie aus dem Brief an die Hebräer, der unrichtiger[w]eise Paulus zugeschrieben wird, entnommen haben, ein, daß sie einen Glauben haben. Der Glaube ist nach jener Definition die Verwirklichung des Erwarteten, die Zuversicht auf das Unsichtbare. Aber abgesehen davon, daß der Glaube nicht Verwirklichung des Erwarteten sein kann, weil der Glaube ein seelischer Zustand ist, die Verwirklichung des Erwarteten aber ein äußerer Vorgang, so ist doch der Glaube auch nicht die Zuversicht auf das Unsichtbare; denn diese Zuversicht, wie es auch in der weiteren Erläuterung ausgeführt wird, stützt sich auf ein Zeugnis von der Wahrheit. Vertrauen und Glauben aber sind zwei verschiedene Begriffe. Der Glaube ist weder Hoffnung, noch Vertrauen, sondern ein besonderer seelischer Zustand. Der Glaube ist das Bewußtsein des Menschen von einer derartigen Stellung im Weltall, welche ihn zu gewissen Handlungen verpflichtet. Der Mensch handelt seinem Glauben entsprechend, nicht darum, wie dies im Katechismus heißt, weil er an das Unsichtbare wie an Sichtbares glaubt, und auch nicht darum, weil er das Erwartete zu empfangen hofft; sondern nur, weil er, nachdem er einmal seine Stellung im Weltall bestimmt hat, natürlicherweise dieser Stellung entsprechend handelt. So bearbeitet der Landmann die Erde nicht darum und so fährt der Seemann nicht darum über das Meer, wie dies im Katechismus gesagt ist, weil sie beide ans Unsichtbare glauben oder für ihre Thätigkeit eine Belohnung zu erhalten hoffen (diese Hoffnung existiert, aber nicht von ihr werden sie geleitet), sondern weil sie diese Thätigkeit für ihren Beruf halten. So handelt auch der religiösgläubige Mensch in einer gewissen Weise nicht darum, weil er an das Unsichtbare glaubt, oder für seine Thätigkeit eine Belohnung erwartet, sondern weil er, nachdem er seine Stellung im Weltall begriffen hat, nun naturgemäß dieser Stellung entsprechend handelt. Wenn der Mensch seine Stellung in der Gesellschaft dahin bestimmt hat, daß er ein Tagelöhner oder ein Handwerker, oder ein Beamter, oder ein Kaufmann ist, so wird er es für nötig halten, so wie der Arbeiter, der Handwerker, der Beamte oder der Kaufmann zu arbeiten. Ganz ebenso wird auch der Mensch im allgemeinen, der auf diese oder jene Weise seine Stellung im All bestimmt hat, unvermeidlich und naturgemäß dieser Bestimmung gemäß handeln (bisweilen sogar nicht nach der Bestimmung, sondern nur nach einem dunklen Bewußtsein davon). Ein Mensch, der seine Stellung im Weltall dahin erkannt hat, daß er ein Glied des von Gott auserwählten Volkes ist, welches die Forderungen dieses Gottes erfüllen muß, um sich seines Schutzes zu erfreuen, wird so leben, daß er diese Forderungen erfüllt; ein anderer Mensch dagegen, welcher seine Stellung dahin bestimmt, daß er durch verschiedene Daseinsformen hindurchging und hindurchgeht, und daß von seinen Handlungen mehr oder weniger seine bessere oder schlechtere Zukunft abhängt, wird sich im Leben durch diese seine Bestimmung leiten lassen; die Handlungsweise eines dritten Menschen, der seine Stellung dahin bestimmt, daß er eine zufällige Vereinigung von Atomen sei, in welchen zeitweilig das Bewußtsein aufgeflammt ist, das wieder für immer vernichtet werden muß, wird von den zwei ersteren verschieden sein.

Die Handlungsweise dieser Menschen wird eine völlig verschiedene sein, weil sie ihre Stellung verschieden bestimmt haben, d. h. verschiedenen Glaubens sind. Der Glaube ist dasselbe, wie die Religion, nur mit dem Unterschiede, daß wir unter dem Worte Religion eine von außen beobachtete Erscheinung verstehen, mit Glauben dagegen dieselbe Erscheinung bezeichnen, wenn sie der Mensch in sich trägt. Der Glaube ist das Bewußtsein des Menschen von seiner Beziehung zur unendlichen Welt, aus welcher die Richtung seines Thuns entspringt. Darum ist der wahre Glaube niemals unvernünftig und niemals mit dem Wissen der Zeit im Widerspruch; er kann nicht das Übernatürliche und Sinnlose zu seiner Eigenschaft haben, wie man glaubt und wie dies auch ein Kirchenvater mit den Worten aussprach: *credo quia absurdum.* Im Gegenteil, die Behauptungen des wahren Glaubens, obgleich sie nicht bewiesen werden können, enthalten in sich nicht nur nichts Vernunftwidriges und dem Wissen der Menschen Widersprechendes, sondern klären immer über das auf, was im Leben ohne Glauben sich als unvernünftig und widerspruchsvoll darstellt.

Wenn z. B. der Jude des Altertums daran glaubte, daß es ein höchstes, ewiges, allmächtiges Wesen gäbe, welches die Welt, die Erde, die Tiere und den Menschen erschaffen und versprochen habe, sein Volk zu beschützen, wenn das Volk sein Gesetz erfüllen würde, so glaubte er durchaus nichts Unvernünftiges, nichts, was mit seinem Wissen im Widerspruch stand; sondern im Gegenteil, dieser Glaube erklärte ihm viele, sonst unverständliche Erscheinungen des Lebens.

Wenn ferner der Hindu daran glaubt, daß unsere Seelen in Tieren waren, und daß sie je nach unserem guten oder bösen Leben in höhere oder niedere Tiere übergehen werden, erklärt er sich durch diesen Glauben viele ihm, ohne denselben, unbegreifliche Erscheinungen. Dasselbe ist mit dem Menschen der Fall, der das Leben für ein Übel hält und als Ziel des Lebens die Ruhe erachtet, welche durch Vernichtung des Begehrens erreicht wird. Er glaubt nicht an irgend etwas Unvernünftiges, sondern im Gegenteil an etwas, das seine Weltanschauung vernünftiger gestaltet, als sie es ohne diesen Glauben war. Das Gleiche ist bei dem wahrhaften Christen der Fall, der glaubt, daß Gott der geistige Vater aller Menschen sei, und daß das höchste Wohl des Menschen dann erreicht werde, wenn er Gott als Vater und die Brüderlichkeit aller Menschen untereinander anerkennt. Wenn auch alle diese Glaubensauffassungen nicht bewiesen werden können, so sind sie an sich doch nicht unvernünftig, sondern verleihen im Gegenteil den Lebenserscheinungen eine vernünftigere Bedeutung, welche ohne dieselben vernunftlos und widerspruchsvoll erscheinen. Außerdem erfordern alle diese Glaubensauffassungen, die Stellung des Menschen im Weltall bestimmend, unvermeidlich gewisse dieser Stellung entsprechende Handlungen. Wenn darum eine religiöse Lehre unsinnige Satzungen behauptet, welche nichts erklären, sondern das Verständnis des Lebens nur noch mehr verwirren, so ist dies kein Glaube, sondern eine derartige Entartung desselben, daß sie schon die Haupteigenschaften eines wahren Glaubens verloren hat, und nicht nur von dem Menschen nichts verlangt, sondern für die Menschen nur noch die Bedeutung eines Kultus hat. Einer der Hauptunterschiede zwischen dem wahren Glauben und einer Entstellung desselben ist, daß bei einer Glaubensentstellung der Mensch von Gott verlangt, daß er für seine Opfer und Gebete seine Wünsche erfülle, dem Menschen diene. Bei dem wahren Glauben dagegen fühlt der Mensch, daß Gott von ihm, dem Menschen, die Erfüllung seines Willens verlange, daß er fordere, daß der Mensch Gott diene.

Dieser Glaube lebt nicht nur nicht in den Menschen unserer Zeit, sondern sie wissen nicht einmal, was Glaube ist und verstehen unter dem Worte Glauben entweder eine Nachbetung dessen, was ihnen für das Wesen des Glaubens ausgegeben wird, oder die Erfüllung von Ceremonien, die ihnen zur Erlangung des Begehrten verhelfen sollen, wie das kirchliche Christentum dies lehrt.

VIII.

Die Menschen unserer Welt leben ohne jeglichen Glauben. Ein Teil der Menschen, die gebildete, reiche Minorität, die sich von den kirchlichen Einflüssen befreit hat, glaubt an nichts, weil sie jeglichen Glauben entweder für eine Dummheit hält, oder nur für ein nützliches Werkzeug zur Beherrschung der Massen. Die ungeheure, arme, ungebildete Majorität dagegen, mit Ausnahme der wenigen wirklich gläubigen Menschen, die sich unter dem Einflusse der Hypnose befinden, denkt, daß sie an das glaubt, was man ihr unter dem Anschein des Glaubens suggeriert, was aber in der That kein Glaube ist, weil es dem Menschen nicht nur seine Weltstellung nicht erklärt, sondern nur verdunkelt. Aus dieser Lage und den gegenseitigen Beziehungen zwischen der ungläubigen und heuchelnden Minorität und der hypnotisierten Majorität setzt sich das Leben unserer Welt, welche die christliche heißt, zusammen. Und dieses Leben, sowohl der Minorität, welche in ihren Händen das Mittel der Hypnotisierung hält, wie auch der hypnotisierten Mehrheit, ist entsetzlich, und zwar wegen der Härte und Sittenlosigkeit der Herrschenden, sowie wegen der Unterdrückung und Verdummung der großen arbeitenden Massen. Zu keinen Zeiten des religiösen Verfalles erreichte die Vernachlässigung und das Vergessen der Haupteigenschaft jeglicher Religion und besonders der christlichen – der Gleichheit der Menschen – eine solche Stufe, wie in unserer Zeit. Die Hauptursache der in unserer Zeit furchtbaren Härte des Menschen gegen den Menschen bildet, außer dem vollkommenen Fehlen der Religion, auch noch jene verfeinerte Komplizierung des Lebens, welche vor den Menschen die Folgen ihrer Handlungen verbirgt. Attila und Dschingis-Chan und ihre Mannen mochten noch so grausam gewesen sein; als sie selber Auge in Auge Menschen erschlugen, mußte der Prozeß des Tötens ihnen unangenehm sein, noch unangenehmer aber die Folgen des Tötens, die Wehklagen der Verwandten, der Anblick der Leichname. Die Grausamkeit wurde durch die Folgen gemildert. In unserer Zeit dagegen töten wir die Menschen durch eine so komplizierte Übertragung, und die Folgen unserer Grausamkeit werden so sorgsam vor uns weggeräumt und verhehlt, daß es gar keine Einwirkung giebt, die die Grausamkeit mildert, sodaß die Gewaltthätigkeit der Einen gegen die Anderen sich immer mehr vergrößert, und in unserer Zeit Dimensionen erreicht hat, wie nie zuvor.

Ich denke, daß wenn in unserer Zeit nicht etwa der als Bösewicht anerkannte Nero, sondern der allergewöhnlichste Unternehmer einen Teich aus menschlichem Blute machen wollte, damit nach der Vorschrift gelehrter Ärzte kranke reiche Leute darin baden könnten, er dies auch ungehindert ausführen könnte, vorausgesetzt, daß es nur in den gebräuchlichen anständigen Formen geschieht; er dürfte eben die Leute nicht mit Gewalt zwingen, ihr Blut zu vergießen, sondern müßte sie in eine solche Lage bringen, daß sie ohne dies Opfer nicht leben könnten; er müßte außerdem die Geistlichkeit und die Gelehrten einladen, damit die erstere den neuen Teich einweihte, wie sie Kanonen, Gewehre, Gefängnisse und Galgen weiht, und die andere[n] Beweise für die Notwendigkeit und Gesetzmäßigkeit einer solcher Anstalt heraussuchten, sowie sie auch Beweise für die Notwendigkeit der Kriege und der Bordelle herausgefunden haben. Das Grundprinzip jeglicher Religion – die Gleichheit der Menschen untereinander – ist bis zu einem solchen Grade vergessen, aufgegeben und mit allen möglichen sinnlosen Dogmen in der konfessionellen Religion verquickt; in der Wissenschaft aber ist die Ungleichheit unter dem Anschein des Kampfes ums Dasein und des Sieges des Stärkern (*the fittest*) als unerläßlichste Lebensbedingung anerkannt, sodaß die Vernichtung von Millionen Menschenleben für die Bequemlichkeit der herrschenden Minorität als gewöhnlichste und notwendigste Lebenserscheinung gilt und sich beständig vollzieht.

Die Menschen unserer Zeit können sich über die glänzenden, kolossalen Erfolge, welche die Technik im 19. Jahrhundert erreicht hat, nicht genug freuen.

Es ist kein Zweifel darüber, daß niemals in der Geschichte ein ähnlicher materieller Erfolg, d. h. ein ähnliches Beherrschen der Naturkräfte vorhanden war, wie der im 19. Jahrhundert errungene. Es herrscht aber auch kein Zweifel darüber, daß niemals in der Geschichte ein Beispiel solch sittenlosen Lebens gewesen ist, so bar und ledig aller die tierischen Triebe des Menschen mildernden Kräfte, wie dasjenige unserer christlichen Menschheit, das immer mehr und mehr vertiert. Der materielle Erfolg, den die Menschen des 19. Jahrhunderts erreichten, ist in der That groß; aber dieser Erfolg wurde und wird durch solche Vernachlässigung der elementarsten Forderungen der Moral erkauft, wie sie die Menschheit noch niemals, selbst nicht in den Zeiten von Dschingis-Chan, Attila und Nero erreicht hatte.

Es unterliegt keinem Zweifel, daß die Panzerschiffe, die Eisenbahnen, der Buchdruck, die Tunnels, die Phonographen, die Röntgenstrahlen u.s.w. sehr vorteilhaft sind. Alles dies ist sehr gut; aber gut ist auch, unvergleichlich über alles gut, wie Ruskin gesagt hat, – das Leben der Menschen, welche jetzt erbarmungslos millionenweise für die Erwerbung von Panzerschiffen, Eisenbahnen, Tunnels untergehen, die noch nicht einmal das Leben verschönen, sondern es nur verunstalten. Darauf erwidert man gewöhnlich, daß man bereits Vorsichtsmaßregeln erfunden hat und mit der Zeit auch solche erfinden wird, bei denen die Menschenleben nicht mehr so vernichtet werden, wie es jetzt allgemein der Fall ist, – aber dies ist unwahr. Solange die Menschen nicht Alle für ihre Brüder halten und das menschliche Leben nicht für den allerheiligsten Gegenstand gilt, welcher nicht nur nicht verletzt werden darf, sondern welchen zu erhalten als allererste, unerläßlichste Pflicht angesehen wird: d. h., solange die Menschen sich nicht religiös zu einander verhalten, werden sie immer das Leben der Mitmenschen für ihre persönlichen Vorteile zu Grunde richten. Nicht ein einziger Narr wird sich entschließen, Tausende auszugeben, wenn er dasselbe Ziel erreichen kann, indem er Hunderte unter Zugabe einiger Menschenleben, die sich in seiner Gewalt befinden, ausgiebt. In Chicago wird durch die Eisenbahnen jährlich ungefähr die gleiche Anzahl Menschen vernichtet. Die Inhaber der Eisenbahnen schaffen aber aus vollkommen triftigen Gründen nicht solche Vorsichtsmaßregeln, die das Sterben der Menschen verhüten würden, denn sie berechnen, daß die jährliche Entschädigung der Verletzten und ihrer Familien geringer ist, als die Prozente der Summe, die für solche Vorsichtsmaßregeln nötig wäre.

Es ist wohl möglich, daß man die Menschen, die für ihren eigenen Vorteil das Leben Anderer der Gefahr aussetzen, durch die öffentliche Meinung beschämen oder zwingen kann, Vorsichtsmaßregeln zu treffen. Wenn aber die Menschen nicht religiös sind und ihre Thaten nur vor den Menschen und nicht vor Gott begehen, werden sie zwar an einer Stelle Vorsichtsmaßregeln treffen, um das Leben Anderer zu schonen, andererseits aber wieder das Leben der Menschen, sobald es sich um Gewinn handelt, als das vorteilhafteste Material ausnützen.

Es ist leicht, die Natur zu erobern und Eisenbahnen, Dampfschiffe, Museen u.s.w. herzustellen, wenn man Menschenleben nicht schont. Die ägyptischen Herrscher waren auf ihre Pyramiden stolz, und wir bewundern sie, weil wir die Millionen Sklavenleben vergessen, die bei diesen Bauten zu Grunde gingen. Ebenso geraten wir auch über unsere Ausstellungspaläste, unsere Panzer, unsere überseeischen Telegraphen in Entzücken, wobei wir vergessen, womit wir dies alles bezahlen müssen. Stolz sein auf alles dies könnten wir nur dann, wenn alles dies frei von Freien, nicht aber von Sklaven geschaffen worden wäre.

Die christlichen Völker haben die amerikanischen Indianer bekriegt und unterjocht, ebenso die Hindus, die Afrikaner; jetzt bekriegt und unterwirft man die Chinesen und ist stolz darauf. Aber eben diese Eroberungen und Unterjochungen gehen nicht daraus hervor, daß die christlichen Völker etwa geistig höher als die unterworfenen Völker ständen, sondern im Gegenteil daraus, daß sie geistig unvergleichlich niedriger, als jene stehen. Schon abgesehen von den Hindus und Chinesen, so gab und giebt es doch auch bei den Zulus irgend welche religiöse, verpflichtende Grundsätze, welche gewisse Handlungen vorschreiben und andere verbieten; bei unseren christlichen Völkern dagegen giebt es keine solchen. Rom eroberte die ganze Welt gerade dann, als es anfing, von jeder Religion frei zu werden. Ganz dasselbe, nur in stärkstem Grade, geht auch jetzt bei den christlichen Völkern vor. Sie alle befinden sich unter den ganz gleichen Bedingungen des Fehlens der Religion, und darum sind alle trotz der inneren Zwietracht zu einer föderativen Räuberbande vereinigt, in welcher Diebstahl, Raub, Unzucht, Mord einzelner Personen und ganzer Massen – nicht nur ohne die geringsten Gewissensbisse, sondern sogar mit größter Selbstzufriedenheit vorgenommen werden. Die Einen glauben an nichts und sind stolz darauf; die Anderen heucheln, daß sie an das glauben, was sie zu ihrem Vorteil unter dem Anschein des Glaubens dem Volke suggerieren; und die Dritten – die ungeheure Mehrheit, das ganze Volk, – nehmen für Glauben jene Eingebung, unter welcher sie sich befinden, und unterwerfen sich sklavisch allem, was diejenigen fordern, die sie beherrschen und suggerieren, ohne selbst an etwas zu glauben.

Es fordern aber diese Inspiratoren dasselbe, was alle Neros fordern, die bemüht sind, irgendwie die Leere ihres Lebens auszufüllen: die Befriedigung ihres unsinnigen, sich nach allen Seiten erstreckenden Luxus. Prachtaufwand aber läßt sich durch nichts anderes erreichen als durch die Unterjochung von Menschen; sobald aber erst die Unterjochung besteht, vergrößert sich auch der Luxus, und die Vergrößerung des Luxus zieht unwandelbar eine Verstärkung der Unterjochung nach sich, weil nur hungrige, frierende, durch die Not gezwungene Menschen ihr ganzes Leben hindurch etwas thun können, dessen sie selbst nicht bedürfen, sondern was nur für die Belustigung ihrer Gebieter nötig ist.

IX.

Im sechsten Kapitel der Genesis befindet sich eine gedankentiefe Stelle, wo der Verfasser der Bibel sagt, daß Gott vor der Sündflut sah, daß der Geist, den er den Menschenkindern gab um Ihm zu dienen, von den Menschen gebraucht wurde, um ihrem Fleische zu dienen, und so sehr über die Menschen erzürnt wurde, daß er bereute, sie geschaffen zu haben, und beschloß, bevor er die Menschen ganz vertilge, ihre Lebensdauer auf 120 Jahre abzukürzen Dasselbe nun, weswegen nach den Worten der Bibel Gott zürnte und das Leben der Menschen verkürzte, geschah auch jetzt mit den Menschen unserer christlichen Welt.

Die Vernunft ist diejenige Kraft der Menschen, welche ihre Beziehung zum Weltall bestimmt; da aber die Beziehung aller Menschen zur Welt ein und dieselbe ist, so vereinigt die Feststellung dieser Beziehung, d. h. die Religion, die Menschen unter einander. Die

Vereinigung der Menschen giebt ihnen aber das höchste leibliche und geistige Gut, welches ihnen zugänglich ist.

Die vollkommene Vereinigung – in der vollkommenen höchsten Vernunft, und darum das vollkommene Wohl – ist das Ideal, nach welchem die Menschheit strebt; aber jegliche Religion, welche den Gliedern einer gewissen Gesellschaft auf ihre Fragen: was ist die Welt und was sind die Menschen in dieser Welt – eine gleiche Antwort giebt, vereinigt die Menschen unter sich und bringt sie darum zur Verwirklichung jenes Wohls. Weicht aber die Vernunft von der ihr eigentümlichen Thätigkeit – der Feststellung der Beziehung zu Gott und eines demgemäßen Thuns – ab, und richtet sie sich nicht nur auf den Fleischesdienst und den erbitterten Kampf mit Menschen und anderen Geschöpfen, sondern auch darauf, um dieses schlechte, der Eigentümlichkeit und der Bestimmung des Menschen widersprechende Leben zu rechtfertigen, so entstehen jene entsetzlichen Übel, unter denen jetzt die Mehrzahl der Menschen leidet, und ein derartiger Zustand, unter welchem eine Rückkehr zum vernünftigen und guten Leben sich als fast unmöglich darstellt. Die Heiden, welche unter einander durch die allergröbste religiöse Lehre vereinigt sind, stehen der Erkenntnis der Wahrheit bedeutend näher, als die vermeintlich christlichen Völker unserer Zeit, die ohne jede Religion leben, und bei welchen die vorgeschrittensten Männer davon überzeugt sind und andere davon überzeugen, daß Religion nicht notwendig sei, und daß es weit besser sei, ohne alle Religion zu leben.

Unter den Heiden können sich Menschen finden, welche, nachdem sie die mangelnde Übereinstimmung zwischen ihrem Glauben und ihrem erweiterten Wissen und den durch ihre Vernunft entstandenen Zweifel eingesehen haben, sich eine religiöse Lehre ausarbeiten oder aneignen, die dem seelischen Zustande des Volkes mehr entspricht, und der sich dann ihre Landsleute und Glaubensgenossen anschließen. Aber die Menschen unserer Welt – von denen die einen die Religion als ein Werkzeug zur Menschenbeherrschung betrachten, die andern für eine Dummheit halten, und die dritten, die ganze ungeheure Mehrheit des Volkes, unter dem Einfluß eines groben Betruges, die wahre Religion zu besitzen glauben – diese modernen Menschen werden für jeden Fortschritt, Vorwärtsbewegung und jede Annäherung an die Wahrheit unempfänglich.

Stolz auf ihre für das leibliche Wohl nötigen Vervollkommnungen und ihre verfeinerten, müßigen Klügeleien, die nicht nur ihre Wahrheit, sondern auch ihre Vortrefflichkeit vor allen Völkern in allen Jahrhunderten der Geschichte beweisen sollen, verharren sie in ihrer Unwissenheit und Unsittlichkeit. Sie sind fest davon überzeugt, daß sie auf einer Höhe stehen, die die Menschheit früher niemals erreichte, und daß jeder ihrer Schritte auf dem Wege der Unwissenheit und Unsittlichkeit sie auf eine noch größere Höhe der Aufklärung und des Fortschritts emporhebt.

X.

Dem Menschen ist es eigentümlich, zwischen seinen körperlich-vegetativen und seelisch-vernünftigen Thätigkeiten einen Einklang zu schaffen. Der Mensch kann nicht ruhig sein, so lange er nicht auf diese oder jene Weise jenen Einklang hergestellt hat, der durch zwei Hilfsmittel zustande gebracht wird. Das eine besteht darin, daß der Mensch durch seine Vernunft die Notwendigkeit oder Zweckmäßigkeit einer gewissen Handlung oder gewisser Handlungen einsieht und daraufhin der Entscheidung seiner Vernunft gemäß handelt; das zweite Hilfsmittel besteht darin, daß der Mensch seine Handlungen unter dem Einflüsse des Gefühls begeht und darauf erst eine intellektuelle Erklärung oder Rechtfertigung derselben ersinnt.

Das erste Hilfsmittel der Übereinstimmung der Handlungen mit der Vernunft ist den Menschen eigen, welche irgend eine Religion bekennen und aus deren Satzungen wissen, was sie thun und was sie lassen sollen. Das zweite Mittel ist vorzugsweise irreligiösen Menschen eigen, welche keine allgemeine Grundlage für die Bestimmung ihrer Handlungen haben und darum den Einklang zwischen ihrer Vernunft und ihren Handlungen nicht durch die Unterwerfung letzterer unter die erstere herstellen, sondern dadurch, daß sie, nachdem sie auf Grund ihrer Triebe gehandelt haben, später erst die Vernunft zur Rechtfertigung ihrer Handlungen anwenden.

Der religiöse Mensch, der weiß, was in seinem und der anderen Thun gut oder schlecht ist, und warum das eine gut und das andere schlecht ist, wird, wenn er auch einen Widerspruch zwischen den Forderungen seiner Vernunft und seinen oder anderer Leute Handlungen sieht, doch alle Kräfte seiner Vernunft dazu anwenden, um ein Mittel zu finden, diesen Widerspruch zu beseitigen; d. h. er wird die allerbeste Methode zu erkennen suchen, um seine Handlungen mit den Forderungen seiner Vernunft in Einklang zu bringen.

Der irreligiöse Mensch dagegen, der keinen Leitfaden für die Beurteilung seiner Handlungen unabhängig von ihrer Annehmlichkeit besitzt und sich dem Triebe seiner mitunter mannigfaltigsten und oft entgegengesetzten Gefühle hingiebt, verfällt dabei unwillkürlich in Widersprüche. Ist er aber einmal soweit, so bemüht er sich, dieselben durch mehr oder minder komplizierte und geklügelte, immer aber falsche Erwägungen, zu lösen und zu verhehlen. Und darum sind die Erwägungen religiöser Menschen immer einfach, ungekünstelt und wahrhaft, dagegen wird die Gedankenthätigkeit der irreligiösen Menschen besonders spitzfindig, sehr kompliziert und lügenhaft.

Ich will das allergewöhnlichste Beispiel nehmen. Ein Mann ist der Sittenlosigkeit ergeben, d. h. er ist nicht keusch, er ist seiner Frau untreu oder, wenn er unverheiratet, der Ausschweifung ergeben. Ist er ein religiöser Mann, so weiß er, daß dies schlecht ist, und die ganze Thätigkeit seiner Vernunft ist darauf gerichtet, ein Mittel zu finden, um sich von seinem Laster zu befreien, keinen Verkehr mit Wüstlingen und Dirnen zu haben, seine Arbeit zu vermehren, ein ernstes Leben zu führen, sich nicht zu erlauben, auf Weiber als Gegenstände der Begier zu blicken u.s.w. Und alles dieses ist sehr einfach und für alle verständlich. Ist aber der sittenlose Mann irreligiös, so wird er sogleich alle möglichen Erklärungen ersinnen, warum es ganz gut sei, die Frauen zu lieben. Es beginnen alle möglichen Arten der kompliziertesten und schlauesten, spitzfindigsten Klügeleien von der Verschmelzung der Seelen, von Schönheit, von der Freiheit der Liebe u.s.w., welche, je weiter sie sich verbreiten, die Sache um so mehr verdunkeln und das verbergen, was nötig ist.

Dasselbe geschieht bei den nicht religiösen Menschen auf allen Gebieten des Thuns und Denkens. Um die inneren Widersprüche zu verbergen, ersinnt man zusammengesetzte, spitzfindige Erwägungen, welche den Verstand mit allem möglichen unnötigen Unsinn ausfüllen und so die Aufmerksamkeit der Menschen von dem

Wichtigen und Wesentlichen ablenken und ihnen die Möglichkeit geben, in jener Lüge zu vegetieren, worin die Menschen unserer Welt, ohne sie zu bemerken, leben.

„Die Menschen fanden mehr Gefallen an der Finsternis als am Lichte, weil ihre Thaten böse waren," ist im Evangelium gesagt. „Denn jeglicher, der Böses thut, haßt das Licht und geht nicht nach dem Licht, auf daß seine Thaten nicht offenbar würden, weil sie böse sind."

Nachdem die Menschen unserer Welt infolge des Mangels an Religion sich selber das härteste, tierischste, sittenloseste Leben erschaffen haben, haben sie auch die komplizierte, spitzfindige, müßige Gedankenthätigkeit, welche das Böse dieses Lebens verbirgt, bis zu einer solchen Stufe der Verwickelung und Verwirrung gebracht, daß die meisten Menschen die Fähigkeit völlig verloren haben, den Unterschied zwischen gut und böse, zwischen Lüge und Wahrheit wahrzunehmen.

Es giebt für die Menschen unserer Welt keine einzige Frage mehr, an welche sie gerade und einfach herantreten können: alle Fragen, die ökonomischen, die äußeren und inneren Fragen der Regierung, die politischen und diplomatischen, wissenschaftlichen Fragen, von philosophischen und religiösen abgesehen, sind so künstlich und unrichtig aufgestellt und darum mit einem dichten Schleier von verwickelten unnützen Betrachtungen, von spitzfindigen Begriffs- und Wortverdrehungen, von Sophismen, Streitigkeiten verhüllt, daß alle Betrachtungen über solche Fragen sich um eine Stelle bewegen, ohne etwas zu erfassen, und wie ein Rad ohne Übertragungsriemen zu nichts führen, außer jenem einzigen Ziel, für das sie aufwuchsen, nämlich vor sich selbst und den andern Menschen das Böse zu verbergen, was sie vollbringen und sie umgiebt.

XI.

Auf allen Gebieten der sogenannten Wissenschaft herrscht ein und derselbe Zug vor, welcher alle Anstrengungen des Menschenverstandes, der auf die Erforschung der verschiedenen Wissenszweige gerichtet ist, unnütz macht. Dieser Zug besteht darin, daß alle Forschungen der modernen Wissenschaft die wesentliche Frage, welche eine Antwort verlangt, mit Stillschweigen umgehen, und die nebensächlichen Umstände untersuchen, deren Erforschung zu nichts führt und umsomehr verwickelt, je weiter sie fortgesetzt wird. Es kann dies auch nicht anders bei einer Wissenschaft sein, welche die Erforschungsgegenstände zufällig auswählt, nicht aber nach den Forderungen einer religiösen Weltanschauung, die da bestimmt, was und warum man etwas erforschen soll, was früher und was später.

In der jetzt modern gewordenen Frage der Soziologie oder politischen Ökonomie sollte man meinen, gebe es nur eine Frage: wozu und warum thuen die einen Menschen nichts, während die anderen für sie arbeiten? (Wenn es noch eine andere Frage giebt, welche darin besteht, warum die Menschen einzeln arbeiten und einander stören und nicht lieber gemeinsam arbeiten, was doch weit vorteilhafter wäre, so ist diese Frage in der ersten eingeschlossen. Wenn die Ungleichheit beseitigt sein wird, wird auch kein Kampf sein.) Man sollte meinen, daß es nur diese eine Frage gebe; indessen die Wissenschaft denkt nicht daran, sie aufzustellen oder sie zu beantworten, sondern zieht ihre Betrachtungen aus der Ferne heran und führt sie so, daß ihre Schlußfolgerungen die Grundfrage unter keinen Umständen endgültig lösen, noch zu ihrer Lösung beitragen können. Man beginnt mit Betrachtungen darüber, was war und was ist, und dies Gewesene und Gegenwärtige wird als etwas so Unveränderliches betrachtet, wie der Lauf der himmlischen Gestirne. Abstrakte Begriffe über Wert, Kapital, Gewinn, Prozente werden ersonnen – und es erscheint das zusammengesetzte, schon hundert Jahre fortdauernde Spiel des Geistes der Menschen, die miteinander im Streite liegen. In Wirklichkeit aber wird diese Frage sehr leicht und einfach gelöst.

Ihre Lösung liegt in folgendem: da alle Menschen Brüder und einander gleich sind, so muß ein jeder mit dem andern so verfahren, wie er wünscht, daß man mit ihm verfahre; und darum kommt alles darauf an, daß das lügenhafte, religiöse Gesetz zerstört und ein wahres aufgestellt werde. Aber die vorgeschrittenen Männer der christlichen Welt acceptieren nicht nur diese Lösung nicht, sondern bemühen sich im Gegenteil, vor den Menschen die Möglichkeit einer solchen Lösung zu verhehlen, und ergeben sich darum jenen müßigen Klügeleien, welche sie Wissenschaft nennen.

Dasselbe ist auch auf juridischem Gebiete der Fall. Es sollte scheinen, daß die einzige wesentliche Frage darin bestehe, warum es Leute giebt, welche sich erlauben, an anderen Menschen Gewaltthätigkeiten auszuüben, sie auszuplündern, sie einzusperren, sie hinzurichten, sie in den Krieg zu schicken und vieles andere. Die Lösung dieser Frage ist sehr einfach, wenn man sie von dem einzigen, dabei angebrachten Gesichtspunkt – dem religiösen – aus betrachtet. Vom religiösen Gesichtspunkte aus kann und darf der Mensch Gewaltthätigkeiten an seinem Nächsten nicht begehen, und darum ist für die Lösung der Frage nur eins nötig: allen Aberglauben und alle Sophismen, welche die Gewaltthätigkeiten befürworten, zu zerstören, und den Menschen klar die religiösen Grundsätze beizubringen, welche die Möglichkeit der Gewaltthätigkeit ausschließen.

Aber nicht nur, daß die vorgeschrittenen Männer dies nicht thun, wenden sie vielmehr die ganze Schlauheit ihres Geistes darauf an, um vor den Menschen die Möglichkeit und Notwendigkeit dieser Lösung zu verbergen. Sie schreiben Berge von Büchern über das Recht – das bürgerliche, Kriminal-, polizeiliche, kirchliche, Finanzrecht u. dergl. mehr, und streiten über diese Themata und erörtern sie, vollkommen davon überzeugt, daß sie nicht nur eine nützliche, sondern sogar eine sehr wichtige That verrichten. Die Frage darüber aber, warum unter Menschen, die ihrem Wesen nach gleich sind, die einen die anderen richten, verurteilen, berauben, hinrichten dürfen, wird nicht nur nicht beantwortet, ja man erkennt nicht einmal ihre Existenz an. Aus ihrer Lehre geht hervor, daß diese Gewaltthätigkeiten nicht Menschen begehen, sondern irgend etwas Abstraktes, welches Regierung heißt.

Ebenso umgehen und verschweigen die gelehrten Männer unserer Zeit andere wesentliche Fragen und verbergen die inneren Widersprüche auf allen Gebieten des Wissens. In der historischen Wissenschaft ist die wesentliche Frage eine: wie lebte das arbeitende Volk, d. h. neunhundertneunundneunzig Tausendstel der ganzen Menschheit? Und auf diese Frage giebt es nicht einmal eine ungefähre Antwort – diese Frage existiert gar nicht. Dagegen werden Berge von Büchern von den Historikern der einen Richtung darüber geschrieben, wie Ludwig XI. der Leib weh that; was für Abscheulichkeiten die englische Elisabeth und Iwan IV. vollbrachten; und wer die Minister waren und was für Verse und Komödien die Schriftsteller zum Ergötzen dieser Könige, ihrer Maitressen und ihrer Minister schrieben. Die Historiker der anderen Richtung dagegen schreiben darüber, wie die Ortslage war, wo die Völker lebten, wovon sie sich nährten, womit sie Handel trieben, und was für Kleider sie trugen – überhaupt alles, was keinen Einfluß auf das Leben des Volkes haben konnte, sondern nur eine Folge seiner Religion war, die aber von den Historikern dieser Kategorie als eine Folge der Nahrung und Kleider, die jene Völker gebrauchten, angesehen wird.

Indessen aber kann eine Antwort auf die Frage, wie das arbeitende Volk früher lebte, nur die Anerkennung der Religion als notwendige Lebensbedingung eines Volkes geben, und darum liegt die Antwort in der Erforschung jener Religionen, welche von den Völkern bekannt wurden und sie in eben jene Lage brachten, in der sie sich befanden.

In den naturhistorischen Wissenschaften, sollte es scheinen, gäbe es keine besondere Notwendigkeit, den gesunden Verstand der Menschen zu verdunkeln; indessen wird auch hier, gemäß jener Gedankenrichtung, welche sich die Wissenschaft unserer Zeit angeeignet hat, statt der natürlichsten Antworten auf die Fragen, was die Welt der Lebewesen, der Pflanzen und Tiere sei, und wie sie eingeteilt wird – ein müßiges, undeutliches und völlig nutzloses Geschwätz verbreitet, welches sich vorzugsweise gegen die biblische Geschichte von Erschaffung der Welt richtet. Man spricht davon, wie die Organismen entstanden, was eigentlich für niemand nötig, noch zu wissen möglich ist, weil diese Entstehung, wenn wir sie auch noch so aufklären, für uns doch immer durch die Unendlichkeit von Zeit und Raum verhüllt bleiben wird. Und über diese Themata sind Theorien und Entgegnungen und Ergänzungen zu den Theorien ausgesonnen, welche Millionen Bücher ausmachen, und deren unerwartete Schlußfolgerung ist: das Gesetz des Lebens, dem sich der Mensch unterwerfen müsse, sei der Kampf ums Dasein.

Aber auch die angewandten Wissenschaften, wie die Technologie, die Medizin, weichen infolge des Mangels eines leitenden, religiösen Prinzips unwillkürlich von ihrer vernünftigen Bedeutung ab und erhalten eine falsche Richtung. So ist die ganze Technologie nicht darauf gerichtet, die Arbeit des Volkes zu erleichtern, sondern auf Vervollkommnungen, die nur den reichen Klassen nützen, und dadurch die Reichen von den Armen, die Herren von den Knechten noch mehr trennen. Wenn aber Brosamen von den Vorteilen dieser Erfindungen und Vervollkommnungen auch den Volksmassen zu gute kommen, so geschieht dies durchaus nicht, weil sie absichtlich für das Volk bestimmt sind, sondern nur deshalb, weil sie ihrer Natur nach dem Volke nicht vorenthalten werden können.

Das Gleiche ist bei der ärztlichen Wissenschaft der Fall, die in ihrer falschen Richtung so weit gegangen ist, daß sie nur den reichen Klassen zugänglich ist, während die Masse des Volkes nach ihrer Lebensweise und Armut, durch die Geringschätzung der Hauptfragen über die Milderung der Armut, die medizinische Wissenschaft nur in solchem Maße und unter solchen Bedingungen benutzen kann, daß diese Hilfe nur um so deutlicher die Abweichung der ärztlichen Wissenschaft von ihrer Bestimmung beweist.

Am erstaunlichsten ist diese Abweichung von den fundamentalen Fragen und die Entstellung derselben – in dem, was in unserer Zeit Philosophie genannt wird. Es sollte scheinen, daß es nur eine Frage giebt, welche die Philosophie entscheiden muß: was soll ich thun? Und wenn es auch auf diese Frage in der Philosophie der christlichen Völker Antworten, vermengt mit dem allergrößten, unnötigen Wirrwarr gab, wie bei Spinoza, Kant in seiner „Kritik der praktischen Vernunft", Schopenhauer und ganz besonders bei Rousseau, so haben sich doch trotzdem solche Antworten ergeben. Aber in der letzten Zeit, seit Hegel, der alles Bestehende vernünftig nannte, tritt die Frage: „was soll ich thun?" in den Hintergrund – und die Philosophie richtet ihre ganze Aufmerksamkeit auf die Erforschung dessen, „was ist" und die Einreihung desselben in eine schon vorher aufgestellte Theorie. Dies ist die erste abwärts führende Stufe. Die zweite Stufe, welche den menschlichen Gedanken noch weiter abwärts führt, ist die Anerkennung des Kampfes ums Dasein als ein Grundgesetz, einzig und allein darum, weil man diesen Kampf bei den Tieren und Pflanzen beobachten kann. Nach dieser Theorie wird angenommen, daß der Untergang der Schwächsten ein Gesetz ist, dem man sich nicht zu widersetzen braucht. Endlich beginnt die dritte Stufe, in welcher die knabenhafte Originalitäts-Hascherei des halb wahnsinnigen Nietzsche, die nicht einmal irgend etwas Ganzes und Zusammenhängendes darstellt, sondern nur

Skizzen von unsittlichen und durch nichts begründeten Gedanken, von den vorgeschrittenen Männern als das letzte Wort der philosophischen Wissenschaft anerkannt wird. Als Antwort auf die Frage: „was ist zu thun?" heißt es geradezu: seinem Vergnügen leben, ohne auf das Leben der anderen Menschen Rücksicht zu nehmen.

Wenn noch irgend jemand an jener furchtbaren Verdummung und Vertierung zweifelt, in welche die christliche Menschheit unserer Zeit gesunken ist, so konnte schon, abgesehen von den letzten Verbrechen gegen die Buren und Chinesen, Verbrechen, die von der Geistlichkeit verteidigt und von allen Mächtigen der Erde für Heldenthaten erkannt werden, – so könnte schon allein der ungewöhnliche Erfolg der Schriften Nietzsches als unwiderleglicher Beweis dafür dienen. Es erscheinen zusammenhangslose, in der banalsten Weise nach Effekt haschende Schriften eines an Größenwahn leidenden, kühnen, aber beschränkten und abnormen Deutschen. Diese Schriften haben weder durch Talent, noch durch Gründlichkeit irgend ein Recht auf die Aufmerksamkeit des Publikums. Solche Schriften würden nicht zur Zeit von Kant, von Leibniz, von Hume, und auch vor 50 Jahren keine Aufmerksamkeit erweckt haben, sondern sie hätten nicht einmal erscheinen können. In unserer Zeit dagegen beschäftigt sich die ganze, sogenannte gebildete Menschheit mit dem Delirium von Herrn Nietzsche, widerlegt und kommentiert es, und seine Werke werden in allen Sprachen in einer zahllosen Menge von Exemplaren gedruckt.

Turgenjew sagte scharfsinnig, daß es umgekehrte Gemeinplätze giebt, welche oft von unbegabten Leuten, die die Aufmerksamkeit auf sich zu lenken wünschen, gebraucht werden. Alle wissen z. B., daß Wasser naß ist, und plötzlich sagt ein Mann mit ernster Miene, daß das Wasser trocken sei, – nicht etwa das Eis, sondern das Wasser sei trocken; – wird eine solche Behauptung mit Sicherheit ausgesprochen, so lenkt sie die Aufmerksamkeit auf sich.

Ebenso weiß die gesamte Welt, daß die Tugend in der Unterdrückung der Leidenschaften, in der Selbstverleugnung besteht. Dies weiß nicht allein das Christentum, mit welchem Nietzsche angeblich kämpft, sondern dies ist ein ewiges, höchstes Gesetz, zu welchem die ganze Menschheit im Brahmaismus, im Buddhismus, in der Religion des Confucius, in der alten persischen Religion emporgewachsen ist. Und plötzlich tritt ein Mann auf, welcher verkündet,

daß er sich überzeugt habe, daß die Selbstverleugnung, die Sanftmut, die Demut, die Liebe – alles Laster seien, welche die Menschheit zu Grunde richten (er hat hierbei das Christentum im Auge und
vergißt dabei alle anderen Religionen). Es ist begreiflich, daß eine
derartige Behauptung in der ersten Zeit stutzig macht. Denkt man
aber ein wenig darüber nach und findet man in dem Buche selbst
keine Beweise für diese sonderbare Satzung, so muß man doch,
wenn man ein vernünftiger Mensch ist, ein solches Buch zur Seite
schieben und sich darüber wundern, daß es in unserer Zeit nicht
eine Dummheit giebt, welche nicht ihren Verleger findet. Aber mit
den Büchern Nietzsches verhält es sich nicht so. Die Mehrzahl der
vermeintlich aufgeklärten Leute untersuchen ernsthaft die Theorie
vom Übermenschentum, erkennen ihren Autor als einen großen
Philosophen und als einen Nachfolger von Descartes, Leibniz und
Kant an.

All dieses aber geht daraus hervor, daß für die Mehrzahl der vermeintlich aufgeklärten Leute unserer Zeit die Erinnerung an die Tugend, ihre Grundbasis – die Selbstverleugnung und Liebe, welche
ihr tierisches Leben beengen und verurteilen, unangenehm ist, während es jenen Leuten angenehm ist, in irgend welcher Form, sei sie
noch so unvernünftig und unzusammenhängend, jener Lehre des
Egoismus, der Härte und der Begründung eigenen Glückes und eigener Größe in dem Leben anderer Menschen leben, zu begegnen.

XII.

Christus machte den Pharisäern und Schriftgelehrten zum Vorwurf,
daß sie die Schlüssel zum Himmelreich an sich nahmen und weder
selber dort eingingen, noch andere dort einließen.

Ganz dasselbe thuen jetzt die Schriftgelehrten unserer Zeit: diese
Leute nahmen in unserer Zeit die Schlüssel, – nicht des Himmelreiches – sondern der Aufklärung, treten aber selber dort nicht ein und
lassen auch andere nicht eintreten. Die Priester, die Geistlichkeit haben mittels allerlei Täuschungen und Hypnose den Leuten suggeriert, daß das Christentum nicht eine Lehre sei, welche die Gleich-

heit aller Menschen predigt und darum die ganze jetzige heidnische Lebensordnung vernichtet, sondern daß es im Gegenteil diese Ordnung aufrecht erhält, indem es vorschreibt, die Menschen zu unterscheiden, wie die Sterne voneinander, anzuerkennen, daß alle Gewalt von Gott stamme und man sich derselben widerspruchslos zu unterwerfen habe. Die Geistlichkeit suggeriert überhaupt den unterdrückten Menschen, daß diese ihre Lage von Gott herrühre, und daß sie dieselbe mit Sanftmut und Demut tragen und sich jenen Bedrückern unterwerfen müssen, welche nicht nur nicht sanftmütig und demütig zu sein brauchen, sondern um die anderen zu bessern, lehren und strafen müssen, wie Kaiser, Könige, Päpste, Bischöfe und alle anderen Träger weltlicher und geistlicher Gewalt; und in Glanz und Üppigkeit leben dürfen, die ihre Untergebenen ihnen zu verschaffen haben. Die leitenden Klassen dagegen herrschen dank dieser lügenhaften Lehre, welche sie mit aller Kraft aufrecht erhalten, über das Volk, indem sie es zwingen, ihrem Müßiggang, ihrer Üppigkeit und ihren Lastern zu dienen. Die einzigen Menschen indessen, welche sich von der Hypnose befreit haben – die Gelehrten – welche allein das Volk von seiner Bedrückung befreien könnten, und welche dies angeblich auch wollen, diese einzigen Menschen thun, anstatt alles zur Erreichung dieses Zieles anzuwenden, das vollkommen Entgegengesetzte und bilden sich ein, daß sie so dem Volke dienen.

Es sollte scheinen, daß diese Männer schon bei der oberflächlichsten Beobachtung dessen, um was die Unterdrücker des Volkes am meisten bekümmert sind, einsehen könnten, wodurch die Völker vorwärts bewegt und in gewissen Lagen zurückgehalten werden, und sie sollten alle ihre Kräfte auf jene bewegende Macht lenken; aber sie thun dies nicht, sondern halten es überdies für völlig nutzlos.

Diese Männer scheinen dies nicht sehen zu wollen und vollbringen eifrig, mitunter sehr aufrichtig für das Volk die mannigfaltigsten Dinge, nur nicht jene einzige That, welche dem Volke zu allererst nötig ist. Ihre Thätigkeit gleicht der Thätigkeit eines Menschen, welcher sich mit der Anstrengung seiner Muskeln bemühen würde, einen Eisenbahnzug vorwärts zu schieben, während er nur auf den Tender zu steigen und zu thun braucht, was er den Maschinisten beständig thun sieht: nämlich den Griff bewegen, der den Dampf in den Kolben treibt. Dieser Dampf – ist die religiöse Weltanschauung der Menschen. Sie brauchten nur darauf zu sehen, mit welchem Eifer alle Machthaber diesen Motor, wodurch sie über die Völker herrschen, beschützen, um zu erkennen, worauf man seine Anstrengungen anwenden muß, um das Volk von seiner Sklaverei zu befreien.

Was verteidigt der türkische Sultan und woran klammert er sich am festesten? Warum ist es die erste Sache des russischen Kaisers, wenn er in eine Stadt kommt, vor den Reliquien und Heiligenbildern niederzuknien? Darum, weil sie alle wissen, daß ihre Macht auf dem Heere beruht, das Heer aber, die Möglichkeit der Existenz des Heeres, – nur auf der Religion. Und wenn nun die reichen Leute besonders fromm sind und Glauben heucheln, in die Kirche gehen und den Feiertag heilig halten, so thun sie es vornehmlich darum, weil der Selbsterhaltungstrieb, den sie bekennen, mit ihrer privilegierten vorteilhaften Stellung in der Gesellschaft verknüpft ist.

Alle diese Leute wissen mitunter nicht, auf welche Weise ihre Macht sich auf den religiösen Betrug stützt, sie wissen aber aus dem Gefühl der Selbsterhaltung, wo der schwache Punkt ist, auf welchem ihre ganze Lage ruht, und sie verteidigen in erster Reihe diesen Punkt. Diese Menschen erlauben und erlaubten in gewissen Grenzen eine sozialistische, ja sogar eine revolutionäre Propaganda; die religiösen Grundlagen aber lassen sie niemals antasten.

Wenn darum die vorgeschrittenen Männer unserer Zeit, die Gelehrten, Liberalen, Sozialisten, die Revolutionäre, Anarchisten nicht aus der Geschichte und Psychologie zu verstehen vermögen, was die Völker vorwärts bewegt, so dürften sie sich doch aus der Thatsache überzeugen, daß die bewegende Kraft nicht in den materiellen Bedingungen, sondern in der Religion enthalten ist.

Doch seltsam genug, die gelehrten vorgeschrittenen Männer der modernen Zeit, welche die Lebensbedingungen der Völker sehr fein untersuchen und erfassen, sehen das nicht, was doch so grell ins Auge fällt. Wenn die so handelnden Menschen absichtlich das Volk in seiner religiösen Unwissenheit erhalten, um ihre privilegierte Stellung der Minderheit gegenüber zu bewahren, so ist es ein fürchterlicher ekelhafter Betrug. Die Menschen, die so handeln, sind die gleichen Heuchler, welche mehr als alle anderen Menschen, ja, welche sogar allein von allen anderen Menschen Christus verurteilt haben, und zwar darum, weil keine Ungeheuer und Frevler so viel

Böses ins Leben der Menschheit hineintrugen und hineintragen, wie eben diese.

Wenn aber jene Menschen aufrichtig sind, so ist die einzige Erklärung dieser sonderbaren Verdunkelung nur die, daß ebenso wie die Massen sich dermaßen unter der Suggestion einer lügenhaften Religion befinden, auch diese vermeintlich aufgeklärten Menschen unserer Zeit unter dem Einfluß der lügenhaften Wissenschaft stehen. Diese Wissenschaft hat aber entschieden, daß jener Hauptnerv, durch welchen die Menschheit immer lebte und lebt, ihr nicht mehr nötig sei und durch etwas anderes ersetzt werden könne.

XIII.

In dieser Verirrung oder in dieser Arglist der Schriftgelehrten – der gebildeten Menschen unserer Welt – liegt eine Eigentümlichkeit unserer Zeit und die Ursache jenes jammervollen Zustandes, worin die christliche Menschheit lebt, und jener Vertierung, in die sie mehr und mehr versinkt.

Gewöhnlich behaupten die vorgeschrittenen gebildeten Menschen unserer Welt, daß jene falschen Glaubenslehren, welche die Massen bekennen, keine besondere Wichtigkeit haben, und daß es nicht lohne und nicht notwendig sei, sie direkt zu bekämpfen, wie dies früher Hume, Voltaire, Rousseau und andere gethan haben. Nach ihrer Meinung erreicht die Wissenschaft, d. h. die losgelösten, zufälligen Kenntnisse, die durch jene Männer im Volke verbreitet werden, von selber jenes Ziel, sodaß, wenn der Mensch erfährt, wieviel Millionen Meilen von der Erde bis zur Sonne sind, und welche Metalle sich auf der Sonne und den Sternen befinden, er aufhören werde, an die Kirchensatzungen zu glauben.

In dieser aufrichtigen oder nicht aufrichtigen Behauptung oder Vermutung ist entweder ein großer Irrtum oder eine fürchterliche Hinterlist enthalten. Vom zartesten Kindesalter an, welches am meisten für Eingebungen empfänglich ist, gerade dann, wenn der Erzieher nicht achtsam genug sein kann, was er dem Kinde beibringt, werden demselben die mit der Vernunft und dem Wissen unvereinbaren, abgeschmackten und unsittlichen Dogmen der sogenannten christlichen Religion eingeflößt. Man lehrt das Kind das der gesunden Vernunft widersprechende Dogma der Dreieinigkeit; ferner das Herabsteigen eines von diesen drei Göttern auf die Erde, um das Menschengeschlecht zu erlösen, seine Auferstehung und seine Auffahrt gen Himmel; man lehrt die Erwartung einer zweiten Wiederkunft und die Bestrafung mit ewigen Qualen für den Unglauben; man lehrt das Nötige beten und noch viel anderes. Und wenn all diese Satzungen, die der Vernunft, sowie dem modernen Wissen und dem menschlichen Gewissen widersprechen, sich unauslöschlich dem empfänglichen Kinderverstand eingeprägt haben, dann läßt man es allein und überläßt ihm, nach seinem eigenen Können jene Widersprüche zu lösen, welche sich aus den von ihm angenommenen und als unzweifelhafte Wahrheit angeeigneten Dogmen ergeben. Niemand sagt ihm etwas darüber, wie es diese Widersprüche versöhnen könne oder solle. Wenn dagegen die Theologen es versuchen, jene Widersprüche zu versöhnen, so verwirren diese Versuche die Sache nur noch mehr. Allmählich gewöhnt sich der Mensch daran (worin ihn die Theologen nach Kräften bestärken), daß man der Vernunft nicht glauben dürfe, und daß darum auf der Welt alles möglich sei, und daß im Menschen selbst nichts sei, wodurch er selber das Gute vom Bösen und die Lüge von der Wahrheit unterscheiden könnte, und daß er in dem für ihn Wichtigsten – in seinen Handlungen – sich nicht von seiner Vernunft leiten lassen dürfe, sondern von dem, was ihm andere Leute sagen werden. Es ist begreiflich, welche furchtbare Entartung in der geistigen Welt des Menschen eine solche Erziehung herbeiführen muß, die dann auch im reiferen Alter mit allen Mitteln der Suggestion aufrecht erhalten wird, die fortwährend mit Hilfe der Geistlichkeit auf das Volk ausgeübt wird.

Wenn sich nun ein geistesfester Mensch nach großen Mühen und Leiden von jener Hypnose befreit, in welcher man ihn in seiner Kindheit erzogen und während seines reiferen Alters erhalten hat, so wird doch jene Entartung seiner Seele, wodurch ihm das Mißtrauen gegen seine Vernunft eingeflößt war, nicht spurlos vorübergehen, so wie in der organischen Welt die Vergiftung des Organismus durch irgend ein starkes Gift nicht spurlos vorübergehen kann. Befreit von der Hypnose des Betrugs, wird sich ein solcher Mensch, der jene Lüge haßt, von welcher er sich eben erst befreit hat, naturgemäß jene Lehre der vorgeschrittenen Männer aneignen, nach welcher jede Religion für eins der hauptsächlichsten Hindernisse der Vorwärtsbewegung der Menschheit auf dem Wege des Fortschrittes angesehen wird. Wenn sich der Mensch diese Lehre aneignet, wird er, so wie auch sein Lehrer, zu jenem prinziplosen, d. h. gewissenlosen Menschen, welcher sich im Leben nur von seinen Begierden leiten läßt, und nicht nur sich selber nicht dafür verurteilt, sondern aus diesem Grunde auf den höchsten für den Menschen erreichbaren Punkt geistiger Entwickelung angelangt zu sein glaubt.

Das wird mit den starkgeistigsten Menschen der Fall sein. Weniger starke werden zwar bis zum Zweifel erwachen, sich aber niemals vollkommen von jener Täuschung befreien, in welcher sie erzogen wurden. Sie werden sich verschiedene, schlau erdichtete, nebelhafte Theorien aneignen, welche die Sinnlosigkeit der von ihnen angenommenen Dogmen rechtfertigen sollen; werden selbst solche erdenken, indem sie im Gebiet des Zweifels, des Nebels, des Sophismus und der Selbsttäuschung verbleiben, und nur zur Bethörung der Massen beitragen und einer Erweckung derselben entgegenwirken.

Die Mehrzahl der Menschen dagegen, welche weder die Kraft, noch die Möglichkeit haben, gegen die Suggestion zu kämpfen, die auf sie ausgeübt wird, werden in ganzen Generationen leben und sterben, so wie sie jetzt leben. Beraubt des höchsten Gutes des Menschen – der wahren, religiösen Lebensauffassung – werden sie immer nur ein gehorsames Werkzeug für die herrschenden und sie betrügenden Klassen bilden.

Und von diesem entsetzlichen Betrug sagen die vorgeschrittenen Gelehrten, daß er nicht wichtig sei und daß es sich nicht lohne, direkt gegen ihn zu kämpfen. Die einzige Erklärung solcher Behauptung, wenn die Leute, die dies behaupten, aufrichtig sind, ist die, daß sie sich selber unter der Hypnose der falschen Wissenschaft befinden; sind sie nicht aufrichtig, so liegt die Erklärung darin, daß der Kampf gegen den herrschenden Glauben nicht gewinnbringend und oft gefährlich ist. In jedem Falle ist die Behauptung, daß das Bekenntnis einer falschen Religion unschädlich oder wenigstens nicht wichtig sei und daß man deshalb Aufklärung verbreiten könne, ohne den religiösen Betrug zu zerstören – vollkommen unrichtig.

Die Erlösung der Menschheit aus ihrem Elend liegt nur in der

Befreiung derselben von jener Hypnose, in welcher sie die Priester erhalten, und in die sie die Gelehrten versetzen. Um etwas in ein Gefäß hineinzugießen, muß man vorher seinen Inhalt entleert haben. Ebenso nötig ist es, die Menschen von jenem Betrug zu befreien, in welchem man sie erhält, damit sie sich die wahrhafte Religion aneignen können, d. h. die richtige der Entwickelung der Menschheit entsprechende Beziehung zum Urquell von allem, – zu Gott, und die aus jener Beziehung entspringende Richtschnur unseres Handelns.

XIV.

„Aber giebt es denn eine wahre Religion? Alle Religionen sind unendlich verschieden, und wir haben nicht das Recht, eine nur deshalb als die richtige zu bezeichnen, weil sie unserem Geschmack besser paßt." So werden die Leute sagen, welche die Religion nach ihren äußeren Formen betrachten, wie eine Krankheit, von welcher sie sich selber frei fühlen, an der aber die übrigen Menschen noch leiden. Doch dies ist nicht wahr: die Religionen sind nach ihren äußeren Formen verschieden, aber sie sind nach ihren grundlegenden Elementen alle gleich. Und eben diese fundamentalen Elemente aller Religionen bilden gerade jene wahre Religion, welche allein in unserer Zeit Allen eigen ist, und deren Aneignung allein die Menschen von ihrem Elend retten kann.

Die Menschheit lebt schon lange, und ebenso wie sie ihre praktischen Erwerbungen der Vererbung gemäß ausgearbeitet hat, so konnte sie auch nicht umhin, jene geistigen Prinzipien, welche die Grundlage ihres Lebens bilden, und die daraus entstehenden Regeln des Handelns auszuarbeiten. Daß verblendete Menschen das nicht sehen, das ist kein Beweis dafür, daß sie nicht existieren. Solch eine, allen Menschen unserer Zeit gemeinsame Religion – nicht irgend eine besondere Religion mit all ihren Eigentümlichkeiten und Entstellungen, sondern eine solche, die aus denjenigen religiösen Satzungen besteht, welche die gleichen bei allen verbreiteten und uns bekannten, von mehr als neun Zehnteln des Menschengeschlechtes bekannten Religionen sind, – solch eine Religion existiert und die Menschen sind nur deshalb noch nicht vollständig vertiert, weil die besten Männer aller Völker, wenn auch unbewußt, sich doch zu jener Religion bekennen, und nur die Suggestion des Betrugs, welche mit Hilfe der Priester und Gelehrten an den Menschen vorgenommen wird, dieselben hindert, jene Religion bewußt anzunehmen.

Die Satzungen dieser wahren Religion sind dem Menschen so sehr eigen, daß, sowie sie ihnen mitgeteilt werden, sie von denselben auch wie etwas lang Bekanntes und Selbstverständliches acceptiert werden. Für uns ist diese wahre Religion das Christentum in denjenigen Satzungen, in welchen es nicht mit den äußerlichen Formen, sondern mit den fundamentalen Prinzipien des Brahmaismus und der Lehre des Confucius, des Taoismus, des Judentums, des Buddhismus und sogar des Mohammedanismus übereinstimmt. Ebenso wird auch für die Bekenner des Brahmaismus, der Confuciuslehre und der andern die wahre Religion die sein, deren Grundgesetze mit denen aller andern großen Religionen übereinstimmen. Und diese Gesetze sind sehr einfach, verständlich und nicht kompliziert.

Diese Prinzipien bestehen darin, daß es einen Gott giebt, den Urquell von allem; daß im Menschen ein Teilchen dieses göttlichen Urquells vorhanden ist, welches er in sich selbst durch sein Leben verringern oder vergrößern kann; daß der Mensch zur Vergrößerung dieses Urquells in sich seine Leidenschaften ersticken und die Liebe vergrößern muß; und daß das praktische Mittel, um dies zu erreichen, darin besteht, andern gegenüber so zu handeln, wie du willst, daß man mit dir verfahre. Alle diese Prinzipien sind sowohl dem Brahmaismus, wie dem Judentum, der Confuciuslehre, dem Taoismus, Buddhismus, Christentum und Mohammedanismus eigen. (Wenn der Buddhismus auch keine Definierung Gottes giebt, so erkennt er trotzdem dasjenige an, womit der Mensch verschmilzt und worin er aufgeht, wenn er das Nirvana erreicht. Sodaß das, womit sich der Mensch vereinigt, wenn er sich ins Nirvana versenkt, eben jener Urquell ist, der im Judentum, Christentum und Mohammedanismus als Gott anerkannt wird.)

„Aber dies ist nicht Religion," werden die Menschen unserer Zeit sagen, die gewöhnt sind, das Übernatürliche, d. h. das Unsinnige, als Hauptmerkmal einer Religion anzunehmen: „das, was Sie wollen, ist alles: Philosophie, Ethik und Betrachtungen, aber keine Religion." Die Religion soll nach ihrer Meinung sinnlos und unbegreiflich sein (*credo quia absurdum*). Doch gerade aus diesen selben Satzungen oder richtiger, infolge des Predigens dieser Satzungen, als einer religiösen Lehre, haben sich mittels eines langen Prozesses der Entartung alle jene Sinnlosigkeiten herausgearbeitet, all die Wunder und übernatürlichen Ereignisse, welche als Grundmerkmale jeglicher Religion angesehen werden. Die Behauptung, „die Übernatürlichkeit und Vernunftlosigkeit bilden die Grundeigenschaften der Religion," ist gleich der Behauptung, daß, wenn wir nur faule Äpfel betrachten, eine welke Bitterkeit und ein schädlicher Einfluß auf den Magen die Grundeigenschaften der Frucht sind, welche Apfel heißt.

Religion ist: die Definierung der Beziehungen des Menschen zum Urquell alles Seienden und die hieraus entspringende Bestimmung des Menschen und die aus dieser Bestimmung hervorgehende Richtschnur der Lebensführung. Und die allgemeine Religion, deren Grundsatzungen ein und dieselben in allen Konfessionen sind, genügt vollständig diesen Forderungen. Sie bestimmt die Beziehung des Menschen zu Gott als eines Teils zum Ganzen; aus dieser Beziehung leitet sie die Bestimmung des Menschen ab, welche in dem Wachsen der göttlichen Eigenschaft in sich selber besteht; die Bestimmung des Menschen aber leitet die Konsequenzen aus der Lebensregel ab: thue andern, wie du willst, daß man dir selber thue.

Oft zweifeln Menschen daran, und ich selber habe eine zeitlang daran gezweifelt, ob eine so abstrakte Regel wie die: „Thue andern, wie du willst, daß man dir thue" als ebenso strenge Lebensregel und Richtschnur unseres Handelns gelten könne, wie die einfacheren religiösen Gesetze – Fasten, Beten, das Abendmahl nehmen, und dergleichen mehr. Aber auf diesen Zweifel giebt der seelische Zustand des ersten besten russischen Bauers eine unwiderlegbare Antwort: indem er eher den Tod erleiden würde, als die empfangene Hostie von sich geben, während er auf Menschengebot bereit ist, seine Brüder zu morden.

Warum könnten nun nicht die Forderungen, die aus der Regel „thue andern, wie du willst, daß man dir thue" entspringen, als da sind: seine Brüder nicht töten, nicht schmähen, nicht ehebrechen, nicht Rache üben, die Not des Bruders nicht zur Befriedigung der eigenen Launen mißbrauchen, und viele andere – warum könnten diese Forderungen nicht mit ebensolcher Kraft aufgenommen und ebenso verpflichtend und unverletzlich für die Menschen werden, wie der Glaube an die Heiligkeit der Hostie, der Heiligenbilder u.s.w. für diejenigen, deren Glaube doch mehr auf das Vertrauen auf andere gegründet ist, als auf ein klares inneres Bewußtsein?

XV.

Die Wahrheiten der allen Menschen gemeinsamen Religion unserer Zeit sind so einfach, verständlich und dem Herzen jedes Menschen nahe, daß es nur noch die Eltern, Herrscher und Lehrer an Stelle der abgelebten und sinnlosen Lehren von Dreieinigkeiten, Gottesgebärerinnen, Erlösungen, Indras, Trimûrtis und zum Himmel emporfliegenden Buddhas und Muhammeds, an welche sie oftmals selber nicht glauben, den Kindern und Erwachsenen jene einfachen, klaren Wahrheiten der allen Menschen gemeinsamen Religion einzuflößen brauchten, deren metaphysisches Wesen darin besteht, daß im Menschen der Geist Gottes lebt, und deren praktische Maxime darin liegt, daß der Mensch mit seinem Nächsten so verfahre, wie er will, daß man mit ihm verfahre – und das ganze menschliche Leben würde sich von selbst verändern. Sowie man jetzt den Kindern den Glauben daran beibringt und ihn den Erwachsenen erhält, daß Gott seinen Sohn entsandte, um die Sünde Adams loszukaufen, und seine Kirche gegründet habe, welcher man sich unterwerfen müsse, sowie die daraus entspringende Lebensregel, daß man an solchen Orten und zu solchen Zeiten beten, Opfer darbringen und zu gewissen Zeiten sich von gewisser Nahrung enthalten und an gewissen Tagen ruhen müsse, müßte man auch dann beweisen und bekräftigen, daß Gott ein Geist ist, dessen Offenbarung in uns lebt, und dessen Kraft wir durch unser Leben vergrößern können. Wenn dann dieses und all das eingeflößt würde, was von selbst aus diesen Grundelementen entspringt, ebenso wie jetzt unnötige Erzählungen von unmöglichen Vorgängen und die aus diesen Erzählungen entspringenden Regeln sinnloser Ceremonieen eingeflößt werden, statt des unvernünftigen Kampfes und der Isolierung würde recht bald ohne Hilfe von Diplomaten, internationalem Rechte und Friedenskongressen, Politikern und Spezialisten aller Unterabteilungen, durch eine friedliche, einstimmige, führende, einzige Religion ein glückliches Leben der Menschheit anbrechen.

Aber nichts Ähnliches geschieht: nicht nur, daß der Betrug der lügenhaften Religion nicht zerstört, und die wahre nicht gepredigt wird, entfernen sich die Menschen immer mehr und mehr, immer weiter und weiter von der Möglichkeit, die Wahrheit anzunehmen.

Der Hauptgrund, weshalb die Menschen das nicht thun, was doch so natürlich, nötig und möglich ist, besteht darin, daß sie infolge eines langen, religionslosen Lebens sich gewöhnt haben, ihre Lebensweise mit Gewaltthätigkeiten, Bajonetten, Kugeln, Gefängnissen und Galgen zu begründen, daß eine solche Lebensführung ihnen nicht nur normal, sondern eine andere nicht einmal möglich erscheint. Und nicht nur, daß alle diejenigen so denken, für welche die bestehende Ordnung der Dinge vorteilhaft ist; sondern auch die, welche dadurch leiden, sind durch die auf sie ausgeübte Suggestion so verdummt, daß sie ebenfalls die Gewaltthätigkeit für das einzige Mittel einer guten Ordnung in der menschlichen Gesellschaft halten. Aber eben diese Einrichtung und Sicherung der gesellschaftlichen Lebensweise durch Gewaltthätigkeit entfernt die Menschen am meisten von einem Verständnis der Ursachen ihrer Leiden und darum auch von der Möglichkeit einer wahrhaften, guten Ordnung.

Es geschieht dasselbe, was ein schlechter oder böswilliger Arzt thut, wenn er einen bösartigen Ausschlag nach innen treibt und dadurch nicht nur den Kranken betrügt, sondern auch die Krankheit selbst verstärkt, sodaß ihre Heilung eine Unmöglichkeit wird.

Den herrschenden Klassen, welche die Massen unterjochen, und welche denken und sagen: *„après nous le déluge"*, scheint es sehr bequem zu sein, durch die Armeen, die Geistlichkeit, die Soldaten und die Polizei sowie die Drohung mit Bajonetten, Kugeln, Kerkern, Arbeitshäusern und Galgen die Unterjochten zu zwingen, in ihrer Verdummung und Knechtschaft weiter zu leben und die Herrschenden nicht darin zu stören, ihre Lage auszunutzen. Und die Herrschenden thun das auch, indem sie eine solche Lage der Dinge die gute Ordnung nennen; indessen aber hindert nichts so die gute gesellschaftliche Ordnung, als eben dies. In Wirklichkeit ist eine solche Ordnung nicht die gute Ordnung, sondern die des Bösen.

Wenn die Menschen unserer Gesellschaft mit den Überresten jener religiösen Prinzipien, wie sie trotz alledem in den Massen leben, nicht beständig gesehen hätte[n], wie gerade diejenigen, welche die Verpflichtung auf sich genommen haben, auf Ordnung und Sittlichkeit im Leben der Menschen zu achten, Verbrechen ausüben, als da sind Kriege, Hinrichtungen, Einkerkerungen, Steuern, Verkauf von Branntwein und Opium: so würden sie nie daran denken, aus sich heraus auch ein Hundertstel jener bösen Thaten zu vollbringen, als da sind Betrügereien, Gewaltthätigkeiten, Morde, welche sie jetzt in der vollkommenen Überzeugung vollbringen, daß diese Thaten gut und den Menschen eigen sind.

Das Gesetz des menschlichen Lebens ist derart, daß eine Verbesserung desselben sowohl für den Einzelnen, wie für die Gesellschaft nur durch eine innere sittliche Vervollkommnung möglich ist. Alle menschlichen Bemühungen dagegen, ihr Leben durch äußere, gegenseitig ausgeübte Gewaltthätigkeiten zu verbessern, sind nur die wirksamste Predigt und das Beispiel des Bösen; darum können sie das Leben nicht verbessern, sondern vergrößern im Gegenteil das Übel, welches wie ein Schneeball immer mehr wächst und die Menschen immer mehr von der einzigen Möglichkeit einer wahrhaften Verbesserung ihres Lebens entfernt.

In dem Maße, wie die Gewaltthätigkeiten und Verbrechen, welche unter dem Schutze des Gesetzes durch die Wächter der Ordnung und Sittlichkeit selber, häufiger und häufiger, grausamer und grausamer werden, und diese Gewohnheit immer mehr und mehr durch die Suggestion der Lüge, welche für Religion ausgegeben wird, gerechtfertigt wird: in dem Maße werden die Menschen immer mehr und mehr in dem Gedanken bestärkt, daß ihr Lebensgesetz nicht in der Liebe und dem Dienst für einander bestehe, sondern im Kampfe und gegenseitigen Verschlingen.

Und je mehr sie in diesem Gedanken, der sie auf eine tierische Stufe herunterzieht, bestärkt werden, um so schwerer können sie aus jener Hypnose erwachen, in welcher sie sich befinden, und als Lebensprinzip die wahre, der ganzen Menschheit gemeinsame Religion unserer Zeit annehmen.

So wird ein *circulus viciosus* geschaffen. Die Abwesenheit der Religion macht ein tierisches Leben möglich, das sich auf Gewaltthätigkeiten gründet; das tierische, auf Gewaltthätigkeiten gegründete Leben macht die Befreiung von der Hypnose und die Aneignung einer wahrhaften Religion unmöglich. Und darum thun die Menschen nicht, was natürlich, möglich und unumgänglich nötig in unserer Zeit wäre: sie zerstören den Betrug des Abbildes der Religion nicht, machen sich die wahre Religion nicht zu eigen und predigen sie nicht.

XVI.

Ist ein Ausgang aus diesem magischen Kreise möglich, und worin besteht derselbe?

Zuerst denkt man, daß es den Regierungen, welche die Verpflichtung auf sich genommen haben, das Leben der Völker zu deren Wohl zu leiten, gezieme, die Menschen aus diesem Kreise herauszuführen. So haben immer die Männer gedacht, welche versuchten, die auf Gewaltthätigkeiten gegründete Lebensordnung mit einer vernünftigen und auf gegenseitigem Dienst und Liebe gegründeten Lebenseinrichtung zu vertauschen. So haben auch die christlichen Reformatoren sowie die Gründer der verschiedenen Theorien des europäischen Kommunismus gedacht, ebenso dachte auch der berühmte chinesische Reformator Miti, welcher der Regierung vorschlug, zum Wohl des Volkes die Kinder in den Schulen nicht Kriegswissenschaften und Kriegsübungen zu lehren, und den Erwachsenen nicht für Kriegsthaten Belohnungen zu erteilen; sondern die Kinder und die Erwachsenen die Regeln der Achtung und Liebe zu lehren und für Heldenthaten der Liebe Belohnungen und Lobe zu erteilen. So dachten und denken auch viele russische religiöse Reformatoren aus dem Volke, von denen ich viele kannte und auch jetzt noch kenne, von Sjutajew an bis auf einen Greis, welcher schon fünfmal dem Kaiser eine Bittschrift eingereicht hat, daß er befehlen möge, die falsche Religion für nichtig zu erklären und ein wahres Christentum zu predigen.

Natürlicherweise scheint es den Menschen, daß die Regierungen, die ihre Existenz durch die Sorgen um das Wohl der Völker rechtfertigen, wünschen sollten, jenes einzige Mittel zu gebrauchen, das in keinem Falle für das Volk schädlich sein, sondern nur die fruchtbringendsten Folgen herbeiführen kann. Allein die Regierungen haben nicht nur, daß sie niemals und nirgends diese Verpflichtung auf sich nahmen, immer und überall mit allergrößter Eifersucht die bestehende, fälschliche und abgelebte Religionslehre verteidigt und mit allen Kräften diejenigen verfolgt, welche versuchten, dem Volke die Grundregeln der wahren Religion mitzuteilen. Und es kann dies eigentlich nicht anders sein; wenn die Regierungen die Lüge der bestehenden Religion enthüllen und die wahre predigen wollten, so würde es dasselbe bedeuten, wie wenn ein Mensch den Ast abhackt, auf welchem er sitzt.

Aber wenn die Regierungen dies nicht thun, so sollte man doch meinen, daß dies jene gelehrten Männer vollbringen müßten, welche, befreit von der Täuschung der falschen Religion, angeblich wünschen, dem Volke zu dienen, welches sie erzogen hat. Aber diese Männer vollbringen dies ebensowenig wie die Regierung, denn erstens halten sie es nicht für zweckmäßig, sich den Unannehmlichkeiten und Gefahren der Verfolgungen von Seiten der Regierung für Aufdeckung des von derselben verteidigten Betruges auszusetzen, welcher nach ihrer Überzeugung von selbst vernichtet werden wird; und zweitens halten sie jegliche Religion für einen überlebten Irrtum und besitzen nichts, was sie dem Volke an Stelle jenes Betrugs bieten könnten, welche sie zerstört haben würden.

So bleiben also jene großen Massen der ungebildeten Menschen, welche unter der Hypnose des kirchlichen und Regierungstruges stehen und darum glauben, daß jenes Abbild der Religion, welches ihnen suggeriert wurde, die einzige wahre Religion sei, und daß eine andere Religion überhaupt nicht vorhanden sei und nicht vorhanden sein könne. Diese Massen befinden sich unter dem beständig verstärkten Einfluß der Hypnose; Generationen nach Generationen werden geboren, leben und sterben in jenem verdummten Zustand, in welchem man sie erhält. Machen sie sich aber daraus frei, so verfallen sie unvermeidlich der Schule der Gelehrten, welche die Religion verneinen, und ihr Einfluß wird ebenso nutzlos und schädlich, wie der Einfluß ihrer Lehrer.

So, daß es für die Einen nicht vorteilhaft, für die Andern nicht möglich ist.

XVII.

Einen Ausweg scheint es also nicht zu geben.

Und in der That giebt es für nicht religiöse Menschen aus dieser Lage keinen und kann keinen geben: die Leute, welche den höheren, regierenden Klassen angehören, werden vielleicht vorgeben, als seien sie um das Wohl der Volksmassen besorgt, werden aber niemals ernsthaft (sie können es auch nicht, da sie von weltlichen Zwecken geleitet werden) jene Verdummung und Unterjochung beseitigen wollen, in welcher die Massen leben, und welche ihnen die Möglichkeit giebt, diese zu beherrschen.

Ebenso können auch die Leute, die zu den Unterjochten gehören, wenn sie von weltlichen Zielen geleitet sind, nicht wünschen, ihre ohnedies schon schwere Lage durch einen Kampf mit den höheren Klassen wegen Aufdeckung der falschen Lehre und des Predigens der wahren noch zu verschlechtern. Weder diese, noch jene haben einen Grund, es zu thun, und wenn sie klug sind, – so werden sie sich auch niemals dazu hergeben.

Anders ist es jedoch mit den religiösen Menschen, jenen religiösen Menschen, welche immer, so verkommen die Gesellschaft auch sein mag, ihr Leben lang das heilige Feuer der Religion hüten, ohne welches kein Leben existieren kann. Es giebt Zeiten (unsere Zeit ist eine solche), wo man diese Menschen nicht sieht, wo sie, von allen verachtet und gedemütigt, unbekannt ihr Leben verbringen, wie bei uns – in der Verbannung, in den Kerkern, in den Strafbataillonen; – aber sie sind da, und durch sie erhält sich das vernünftige Leben der Menschen. Und eben diese religiösen Menschen, wie wenig ihrer auch sein mögen, können und werden allein jenen magischen Kreis zerreißen, in welchen die Menschen gefesselt sind. Nur diese Menschen können es vollbringen; denn alle jene Nachteile und Gefahren, welche den weltlichen Menschen verhindern, gegen die bestehende Lebensordnung zu kämpfen, existieren nicht nur nicht für den religiösen Menschen, sondern verstärken noch seinen Eifer im Kampf gegen die Lüge und in seiner Verteidigung mit Wort und That dessen, was er für göttliche Wahrheit hält. Wenn er zu den herrschenden Klassen gehört, so wird er die Wahrheit um der Vorteile seiner Stellung wegen nicht nur nicht verhehlen wollen, sondern wird im

Gegenteil diese Vorteile hassen und alle Kräfte seiner Seele darauf verwenden, sich davon frei zu machen und die Wahrheit zu predigen, – denn er wird im Leben kein anderes Ziel haben, als den Dienst Gottes. Wenn er dagegen zu den Unterjochten gehört, so wird er ebenfalls dem Wunsche der Leute in seiner Stellung entsagen, die Bedingungen seines leiblichen Lebens zu verbessern, und kein anderes Ziel haben, als die Erfüllung des göttlichen Willens durch die Enthüllung der Lüge und das Bekennen der Wahrheit. Keine Leiden und Drohungen werden ihn dann zwingen, die Lebensweise aufzugeben, welche dem einzigen Sinn, den er in seinem Leben anerkennt, entspricht. Und der eine, wie der andere wird natürlich ebenso so handeln, wie der weltliche Mensch sich abmüht, indem er Entbehrungen erleidet, um Reichtümer zu erwerben oder dem Machthaber, von welchem er Vorteile erhofft, gefällig zu sein. Jeder religiöse Mensch handelt so, weil die durch die Religion erleuchtete Seele des Menschen schon nicht nur einzig das Leben dieser Welt lebt, wie die Irreligiösen, sondern ein ewiges, endloses Leben lebt, für welches Leiden und Tod ebenso nichtig sind, wie für den Arbeiter, der ein Feld beackert, die Schwielen auf den Händen und die Ermüdung der Glieder.

Diese Menschen eben werden den verzauberten Kreis zerreißen, in dem jetzt die Menschen gefesselt sind. Wie klein auch immer ihre Zahl, wie niedrig auch immer ihre gesellschaftliche Stellung, wie schwach sie auch immer an Bildung oder Verstand sind, so werden diese Menschen doch, so wahr, wie das Feuer die trockene Steppe entzündet, die ganze Welt entzünden, alle durch das lange religionslose Leben ausgetrockneten Herzen der Menschen, die nach Verjüngung dürsten!

Die Religion ist nicht der ein für allemal festgestellte Glaube an irgend welche übernatürlichen Ereignisse, die sich irgend einmal vollzogen haben sollen, oder an die Notwendigkeit gewisser Gebete und Ceremonien; sie ist auch nicht, wie dies die Gelehrten behaupten, ein Überbleibsel von Aberglauben aus der alten Unwissenheit, der in unserer Zeit keine Bedeutung und keine Anwendung im Leben hat; die Religion ist die der Vernunft und dem Wissen der Zeit entsprechende Beziehung des Menschen zum ewigen Leben, zu Gott, welche allein die Menschheit zu dem ihr vorbestimmten Ziele bewegt.

„Die menschliche Seele ist eine Leuchte Gottes," sagt ein weiser hebräischer Sinnspruch. Der Mensch ist ein schwaches, unglückliches Tier, solange in seiner Seele das Licht Gottes nicht aufflammt. Wenn sich aber dieses Licht entzündet (und es entzündet sich nur in einer von der Religion erleuchteten Seele), so wird der Mensch zum allgewaltigsten Geschöpf der Welt. Und dies kann nicht anders sein, denn es waltet dann in ihm nicht mehr seine eigene Kraft, sondern die Kraft Gottes.

Das ist also die Religion, und darin besteht ihr Wesen.

Tolstoi-Graphik – Verlag Eugen Diederichs

Was ist Religion und worin besteht ihr Wesen?

Leo N. Tolstoi

Ausgabe des Diederichs-Verlags[1]
(1902/1911)

EINFÜHRUNG
[zur Übersetzung der Flugschriften]

Eugen Heinrich Schmitt

Das große Thema dieses Bandes ist die religiöse Weltanschauung der Menschheit als Grundlage des Lebens.

Unserem Weisen und Denker ist es klar, daß die Menschheit nicht durch bloße „tierische Erfordernisse", durch materielle Existenzbedingungen bewegt wird, sondern durch geistige Kräfte, die den Menschen eben zum Menschen machen. Menschliche Intelligenz als Grundanlage zu logisch-mathematischem, das heißt den Kreis aller Möglichkeiten beschließenden Denkens, bildet nicht bloß die Grundlage der modernen Technik, die ganz auf der vorgeschrittenen Mathematik der neueren Zeit beruht, sondern aller menschlichen Produktion überhaupt. So ist es Tolstoj denn auch klar, daß nicht bloß äußere Bande des tierischen Interesses, sondern wesentlich *innere* Bande die Menschheit zu einem einheitlichen Leben verbunden haben zu allen Zeiten. Diese inneren Bande, die selbst wieder eine Einheit höherer Art darstellen, fassen wir unter dem Namen

---

[1] Textquelle | Leo N. TOLSTOJ: Was ist Religion und worin besteht ihr Wesen? Mit Anhang. In: L. N. Tolstoj: Religiös-ethische Flugschriften Band I. (= L. N. Tolstoj: Gesammelte Werke. II. Serie, Band 10. Von dem Verfasser genehmigte Ausgabe von Raphael Löwenfeld). Jena: Eugen Diederichs 1911. [115 Seiten; die erste Auflage erschien schon 1902]. – Einführung von E. H. Schmidt, in: *ebd.*, S. I-XV.

Religion zusammen. „Ohne Religion", betont daher Tolstoj, „hat niemals eine menschliche Gesellschaft gelebt und kann ohne sie nicht leben; weder eine menschliche Gesellschaft, noch ein einzelner vernünftiger Mensch."

Es weist unser Zeitalter sehr viel Züge auf, die an die ersten Jahrhunderte der christlichen Zeitrechnung erinnern. Vor allem den Hauptzug, daß die allgemeine religiöse Weltanschauung in Auflösung begriffen ist: so wie damals die Religion Jupiters, so heute die der christlichen Kirchen. Die Grundlage dieses Verfalls wurde aber schon zu jenen Zeiten gelegt, als der eigentliche Gründer der Staatskirchen, Konstantin, das erste Christentum im Verein mit den Priestern in einer Weise formte, die den Bedingungen der Erhaltung des Staates und der Gesellschaftsordnung im bisherigen Sinne entsprach. Unter dem falschen Schein einer Versöhnung der Cäsarenherrschaft mit der Kirche hatte man den eigentlichen Kern der ursprünglichen christlichen Lehre verborgen und erstickt und an ihre Stelle das alte Heidentum mit neuen Namen eingeführt. Die ursprüngliche christliche Lehre sollte die vollkommene Umwälzung des menschlichen Lebens zur Folge haben, die in großen Zügen in der Bergpredigt vorgezeichnet ist und an die Stelle des halbtierischen, auf eine Organisation der Gewalttat und des Raubes gegründete Ordnung des öffentlichen Lebens eine Ordnung der Freiheit und der Liebe setzen. Auf diese urchristliche Weltanschauung, wie sie vor dem großen Verrat und Trug, der mit Konstantin begangen wurde, in ihrer himmlischen Reinheit bestand, geht nun das ganze Streben Tolstojs. Ja, er sieht in dieser Religion nicht irgendeine besondere Religion, sondern die Religion überhaupt, wie sie in Übereinstimmung mit den Lehren all der großen Weisen aller Zeiten und Völker gegeben war, so daß eben das, was in den heiligen Lehren aller Völker das Übereinstimmende ist, die wahre Religion ausmacht und die in Formenwesen und Dogmen sich zeigenden Unterschiede der verschiedenen Konfessionen eigentlich nur eine Verhüllung dieser Religion der Menschheit bedeuten, eine irreligiöse Verunstaltung des gemeinsamen Heiligtums, der Religion. Das Unheil der Menschheit durch die Jahrtausende stammt also nach der Ansicht Tolstojs daher, daß die Menschen, beherrscht von halb tierischen Trieben und Interessen, dieses reine, einfache, allen zugängliche höchste Licht immer wieder verhüllten, und es ist für ihn klar, daß mit der Entfernung dieser schädlichen Verhüllungen, mit dem Hervorbrechen des ungetrübten Lichtes der höchsten Wahrheit, mit der reinen ungefälschten Religion ebenso unaufhaltsam auch die Ära des neuen vergöttlichten, harmonischen Lebens anbrechen mußte, ein Leben brüderlicher Eintracht und Liebe: das Reich Gottes auf Erden. Es ist eben darum, weil Tolstoj die religiöse Weltanschauung in tiefer Einsicht zur Grundlage einer edleren Kultur der Zukunft machen will, von großer Wichtigkeit, uns die Grundlagen der Weltanschauung Tolstojs klarzumachen: die Grundzüge seiner Lehre von Gott und Menschengeist, auf denen dann die erhabenen praktischen sittlichen Lehren beruhen sollen.

Tolstoj weist vor allem die Anmaßung einer angeblichen „Wissenschaft" zurück, die an Stelle der verfallenden alten Religion treten will, und kennzeichnet diese Wissenschaft als eine haltlose Hypothesenmacherei, deren Dogmen „heute als Wahrheiten aufgestellt und morgen umgestoßen, wie die Mode wechseln und durch die Bank die gröbsten Irrtümer" enthalten. Tolstoj hat recht, daß eine einheitliche, zweifellos fest fundamentierte Wissenschaft, die die Grundlage für eine allgemeine Weltanschauung der Menschheit bilden könnte, heute, wenigstens für die Welt unserer Gelehrten, nicht existiert. Vor allem existiert keine einheitliche Wissenschaft vom Menschengeiste, die deswegen Grundwissenschaft ist, weil die Erkenntnis der Dinge auch nur auf Grund der Erkenntnisformen des denkenden Geistes möglich ist. Die (etwa auch als „Positivisten" oder Agnostiker verkappten) Naturalisten und Materialisten unserer Zeit repräsentieren die grobe Verleugnung eben der universellen, ein Unendliches, den Inbegriff aller Möglichkeiten in sich darstellenden logisch-mathematischen Tatsachen des Bewußtseins, die sie als eingeschlossen in einer endlich-materiellen Organisation und ihrer endlichen Zahl von bildlichen Kombinationen vorstellen. Diesen naturalistischen Schulen, die vom Psychologischen zum eigentlich Logischen gar nicht gelangen und Vorstellungen von Gedanken nicht zu unterscheiden vermögen, stehen logisierende Idealisten gegenüber, die alles mit universellen Kategorien zu erklären versuchen, mit Kategorien, die halbbildliche, vieldeutige sprachliche Ausdrücke sind, die das Universelle stets in nebelhafter Unbestimmtheit lassen und nicht bloß in verschiedenen Zeitaltern, sondern auch im selben Zeitalter einen verschiedenen Sinn repräsentieren, und definieren solche unbestimmte Begriffe in willkürlicher Weise miteinander und versuchen so einen Nebel mit dem andern zu beleuchten. Schon der Mangel einer klaren anschaulichen Grundlage und die Unexaktheit und Unbestimmtheit einer solchen Weise nebelhaft abstrakter Mitteilung macht eine eigentliche Wissenschaft in dieser Form unmöglich, ganz abgesehen von den hypothetischen und willkürlichen Ausgangspunkten einer solchen angeblichen philosophischen „Wissenschaft". Es fehlt hier aber vor allem die einheitliche, die verschiedenen zerstreuten Kenntnisse und Wissenschaften zu einer durchsichtigen Einheit verbindende Eine Wissenschaft, das heißt die Erkenntnis. An die Stelle der wie Moden sich ablösenden Philosophien will Tolstoj eine in ihren Grundlagen klare, allen Menschen zugängliche einheitliche religiöse Weltanschauung setzen.[2]

Neigt sich die Intelligenz des Zeitalters infolge des Verfalls der alten Religion und der hypothetischen Natur und Haltlosigkeit der Philosophien immer mehr dem Agnostizismus, das heißt der Lehre zu, daß wir in den letzten Grundlagen nichts zu erkennen vermögen, so zeigt auch Tolstoj selbst eine unverkennbare Hinneigung zu einem solchen Agnostizismus. Dies ergibt sich sowohl aus der Weise, wie T. den Gottesbegriff als auch das geistige Wesen des Menschen versteht.

Die Definition, daß die Religion (*religare*, binden) das Band zwischen Mensch und Gott ist, bestimmt T. („Was ist Religion?" S. 10) näher dahin, daß sich der Mensch als vernünftiges Wesen als „Teil der ganzen unendlichen Welt betrachte, welche endlose Zeiten lebt". Gott wird so zur „Integralgröße der ganzen in Zeit und Raum unendlichen Welt, wobei dieselbe als Ganzes begriffen wird". Es gewinnt diese Bestimmung Gottes einen, zu modernen Ansichten sich hinneigenden, entschieden pantheistischen Anstrich, der sogar bis in den naturalistischen Pantheismus hinüberschillert, wenn T. in seinen „*Gedanken über Gott*"[3] („Aufruf an die Menschheit" s. S. 76 f.) sagt: „Ich bin ein beschränkter Körper, Gott ist ein unbeschränkter Körper." Das wäre ja die naturalistische Ansicht der Modernen, die,

---

[2] Das Verhältnis Tolstojs zur modernen Wissenschaft habe ich in der Einleitung zur Schrift: „Tolstoj. Über die Wissenschaft", Heidelberg, Verlag von L. M. Waibel) und in der Diskussion, die sich zwischen Tolstoi und mir in dieser Frage hier entsponnen, näher ausgeführt. [Neuedition in: TFb_B008.]

[3] [Vgl. eine Neuedition der „*Gedanken über Gott*" in: TFb_A010, S. 60-77.]

in dieser Form, auch Ernst Haeckel unterschreiben könnte. Ferner: „Gott ist jenes unbeschränkte Alles, das ich in mir als beschränkt erkenne … Ich bin ein Teil, Er ist das Ganze." (Ebend.)

Mit dieser Fassung des Verhältnisses von Gott und Mensch steht aber im Widerspruch die Tatsache eben des *Erkennens*, des *Wissens* von Gott, vom Unendlichen überhaupt in beliebiger Gestalt. Wenn der Mensch nur ein Endliches, ein Ding, ein beschränkter Körper oder ein beschränktes Seelending oder Phantom wäre, so wäre das Eine ganz gewiß, daß er von Gott, vom Unendlichen überhaupt nicht die geringste Ahnung hätte, daß er von demselben nicht *wissen* könnte. Der Umstand, daß die Gesetze des strengen Denkens, der Logik und Mathematik, jede Ausnahme ausschließen, beweist, daß ein *positiv* Unendliches vorliegt, der strenge Inbegriff *aller* Möglichkeiten; daß nicht ein bloßes Fortgehen in der Vorstellung vorliegt, sondern daß wir über alle Grenzen hinausgegangen sind. Die Tatsache des Wissens selbst nämlich ist, sofern sie ein Unendliches und unendlich Reiches in sich darstellt, eine Wirklichkeit in sich selbst, abgesehen von allem müßigen und verkehrten Hypostasieren, was wohl *hinter* dieser innerlich gegebenen Tatsache stecken möge. Das menschliche Denken und Schauen ist in erster Linie Original, ursprüngliches, allem andern unvergleichliches Erleben, welches so existieren und sein muß, wie es in der Tat gegeben ist, das heißt in diesem Fall als tatsächliches Erleben eines Unendlichen und unendlich Reichen. Ob sich andere, äußere Erscheinungen oder Dinge im Kreise dieser innerlichen Tatsache abbilden, ist eine ganz sekundäre Frage, die gar nichts an der eigentlichen Realität dieses innerlich universellen Erlebens ändert, dessen Tatsachen man grob fälscht, wenn man ihnen ein Endliches physischer oder psychischer Art unterschiebt. Weil die allein ursprünglich und allein positiv gegebenen inneren Tatsachen auch äußere Dinge abbilden können, betrachtet man sie als bloßes Abbild eines andern da draußen, sucht das Original der geistigen Tatsache törichterweise draußen im Kreis äußerer Dinge und sieht nicht, daß das innere Erleben selbst das Original ist. Nehmen wir also dogmatisch an, daß der Mensch auch von seiner geistigen Seite ein Endlich-Dingliches sei, so wird Gott, aber überhaupt alles Logische und Unendliche zum Unbegreiflichen, eigentlich zum leeren sinnlosen Wort. Da nun Tolstoj geneigt ist, dieses Grunddogma der alten Welt (die bis heute fortdauert) anzunehmen, so wird begreiflich, daß er mit ihrem Fazit, mit dem Agnostizismus, mit der Lehre von der Unerkennbarkeit des letzten Grundes der Welt und des Menschengeistes übereinstimmt mit sonstigen Agnostikern. „Was Gott ist, persönlich oder unpersönlich, wie hat Er die Welt und hat Er sie erschaffen, wann, in welchem Alter ist mir die Seele entstanden, wie entsteht sie in anderen Wesen, woher kommt sie, wohin wird sie verschwinden und in welchem Teile des Körpers befindet sie sich? – alle diese Fragen muß ich unbeantwortet lassen." („Aufruf" S. 89 f.) T. stimmt mit den Agnostikern darin überein, daß in der Existenz des Menschen und der ganzen Welt ein für sie *unergründlicher* Sinn liegt. (Ebend. S. 96.) Ja, Tolstoj geht in der Konsequenz dieser Grundansicht vom endlichen Wesen des Menschengeistes sogar so weit, anzuerkennen, daß das Ziel des Lebens, Gott sich *außerhalb* des Ichs befinde, denn außer dem Endlich-Beschränkten muß sich das Unendliche befinden und nur zum verschwindenden Teil in ihm. „Gott ist das Ewige, Endlose, außerhalb von uns Befindliche." („Gedanken über Gott". S. 71.) Aus diesem Grunde hat die Lehre von der Innerlichkeit Gottes, die uralt ist, sowohl in der Vergangenheit, wie auch bei Tolstoj keinen klaren, widerspruchslosen Sinn, da eben das Unendliche sich ebensowenig und noch weniger im Endlichen befinden kann, wie das Meer in dem Grübchen am Strande in der Legende von Augustinus. Ist die Seele oder gar der Geist ein bloßes phantomartiges Ding, das sich schließlich in einen Teil des Körpers verschlüpfen kann, so hat die Rede von dem Innewohnen der Gottheit oder des Unendlichen überhaupt gar keinen Sinn, und es bliebe ein solches Innewohnen ein ewiges Rätsel einfach aus dem Grunde, weil: „ein vollkommner Widerspruch gleich geheimnisvoll bleibt für Weise wie für Toren". (Goethe.) Wenn die Weltanschauung der Vergangenheit in allen ihren Theologien und Philosophien von einer so widersprechenden Voraussetzung ausging, so ist es dann begreiflich, daß am Schlusse dieses unmöglichen Weges die Weltanschauung der Modernen von „Welträtseln" und „Geheimnissen" wimmelt, deren Ausgangspunkt der richtige Glaube an das Absurde ist, in einer Form, die das vielgeschmähte *Drei gleich Eins* weit überbietet, nämlich in der Form *Unendlich gleich Endlich*. An den modernen Naturalismus knüpft auch der Satz Tolstojs an: „Aus dem organischen Leben, dem Leben des Kampfes wird das vernünftige Leben erzeugt und ist mit ihm verknüpft." („Sinn des

Lebens". S. 5.)[4] Die Tatsache der Funktionseinheit des kosmischen und überkosmischen oder ins Unendliche gehenden Strahlensystems mit dem leiblichen Resonanzboden, den der Organismus darstellt und welchem der kosmische Strahlenkreis Energien entnimmt (die ein immer helleres, intensiveres, bemühteres Aufleuchten dieses Seelischen und Geistigen im Verlauf der Entwicklung des Individuums und der Art zur Folge haben), wird in der unmöglichen Weise eines Entstehens von Universalfunktionen *aus* diesem Endlich-Körperlichen gedeutet.

Wenn also Tolstoj den tiefen und wahrhaften Satz, den vom Innewohnen der Gottheit in uns immer wieder betont – er hat sogar ein zweibändiges Buch mit diesem Titel: „Das Reich Gottes ist in Euch" veröffentlicht –, so muß dies Innere einen ganz andern Sinn als den des Innewohnens innerhalb der Grenzen des Körpers oder eines Seelendinges haben. Es muß das *Innere* sein *par excellence* in dem Sinne, daß es alles in sich faßt und nichts außer sich hat: das Innere im Sinne des Kosmischen oder Überkosmischen oder Unendlichen selbst. Und dahin weist nicht bloß die Besinnung auf die Tatsachen dieses innerlich-universellen Schauens, sondern dahin leitet auch unsere modernste Naturwissenschaft, die keine todstarr in sich gekapselten Atome kennt, sondern nur Kraftzentren, die ihre Energie in Strahlungen verschwenden. Wenn nun das Strahlensystem einer schon erloschenen Sonne noch durch Jahrhunderte fortleuchtet, so ist ein Erlöschen der maßlos feinen und ins Grenzenlose gehenden Strahlen des organischen Lebens mit der Zerstörung ihres leiblichen Resonanzbodens ebenso unmöglich und kann ein Licht, das ins Unendliche leuchtet und das Unendliche in sich darstellt, wie das Vernunftlicht, unmöglich mit dem leiblichen Tode aufhören zu leuchten, so wenig als es in diesem Leiblichen eingeschlossen sein kann. Das ist selbst bei den groben physischen Wellen des elektrischen Stromes unmöglich, der nicht, wie man früher meinte, im Leiter eingeschlossen ist, sondern wie die Hertzschen Wellen (Marconis Telegraphie ohne Draht) zeigen, in kosmische Weiten dringt. Freilich handelt es sich hier um keine physischen Wellen, sondern um eine unermeßlich, ja unendlich feinere, doch gewiß rhythmische

---

[4] [Vgl. eine Neuedition der Kompilation *„Sinn des Lebens"* in: TFb_B009, S. 9-56.]

Tätigkeit, die insofern auch vom Physischen grundverschieden ist.[5]

Es klingt daher auch paradox, wenn Tolstoj sagt, daß „Gott im Menschen eingeschlossen sei und sich dadurch zu befreien suche, daß Er das Wesen, in dem er sich befindet, erweitert und ausdehnt." („Gedanken über Gott". S. 102.) Diese Erweiterung, die das Seelische betrifft, geschieht durch die Liebe, deren „gute Taten die Seele vermehren" („Sinn des Lebens". S. 25). Gott geht aus dem Menschenwesen, in dem er sich anfangs eingeschlossen findet, „hinaus und umfängt andere Wesen". („Gedanken über Gott". S. 102.) Es kann der Sinn dieser Bilder nur offenbar der sein, daß die Steigerung der Liebe eine Steigerung der Intensität der höheren Lebensform ist, die anfangs ihres ursprünglichen Allwesens unbewußt war. Das Wissen von dieser unendlichen Allheit in geistiger Veranschaulichung nennen wir aber *Vernunft*. Der kindliche, geistig unreife, zur Selbsterkenntnis noch nicht erwachte Mensch, der sich für ein endliches Ding hält, weiß notwendig von diesem seinem überkosmischen Wesen und Leben, aber entfremdet sich dasselbe; er schaut es als äußere Gottheit oder, von allen Bildern befreit, in lebloser schattenhafter Form als den geometrischen Raum, den unendlichen Raum der Welten. Sehr sinnig hat die hebräische Sprache daher dasselbe Wort: *Makom* für Raum und Gott. Der Raum, so bemerkt Kant sehr tief, ist keine Form der physischen Dinge (die höchstens flächenhafte Funktionen sind, wie Lord Kelvin nachweist), sondern eine Form unseres Intellektes, unsere allen Menschen gemeinsame universelle Lebensform, die der Hintergrund aller Hintergründe und das allein ewig Bestehende und der Urquell und Ursprung auch der physischen Welt ist, die, wie die modernste Naturwissenschaft mit dem großen Le Bon lehrt, sich mit allen ihren Materien und Energien in ihren Strahlungen verflüchtigt in einen nicht mehr physischen Hintergrund.

Es ist demnach die Ansicht, daß Tolstoj einer naiven urchristlichen Weltanschauung huldige, eine Illusion. Er ist ein mit all den inneren Widersprüchen des modernen Menschen kämpfender Geist, dem jedoch die hohen Ideale des Urchristentums vorschwe-

---

[5] Die Grundlinien zu einer Weltanschauung der Erkenntnis habe ich in meiner „*Gnosis*" (Verlag E. Diederichs) und „*Kritik der Philosophie*" (Leipzig. Fritz Eckarts Verlag) entworfen. Vergl. auch die Flugschrift „*Positiv-wissenschaftliche Weltanschauung*" (Wilmersdorf bei Berlin, Jenaerstr. 20, Th. Ehler).

ben in seinem Ringen mit der naturalistischen Grundanschauung des modernen Menschen.

Diese Ideale des Urchristentums finden ihren Ausdruck in der Lehre Tolstojs, daß Gott die Vernunft und die Liebe ist. Die Vernunft ist nicht eine bloße „Eigenschaft" der menschlichen Individuen, da sie vielmehr das alle denkenden Individuen in einer untrennbaren ursprünglichen Einheit gemeinsamer Vernunftgesetze verbindende Band, also ein Überindividuelles, das im vollen Licht sich offenbarende Wesen der Religion, das Wesen der Gottheit selbst ist. Dieses alle Intelligenzen verbindende höchste Licht ist aber in der Regel bei den Menschen ein unlebendiges, eisig kaltes Licht. Es sind das die geistig Blinden, die ihr Leben in irgendeinem Endlich-Dinglichen und nicht in diesem alle individualisierten Geistesfunktionen in ursprünglicher Einheit verbindenden höchsten Leben erkennen, die geistig Unlebendigen, die vom Tode erstehen, wenn der Mensch sich und sein Leben in jenem Leben des unendlichen Lichtes der Vernunft schaut. Das ist der Sinn des schönen Bildes von der Gotteskindschaft und von dem Einen himmlischen Vater und Ursprung. Es sind diese Individualformen des Vernunftlichts aber selbst wieder Unendlichkeitsformen, denn jeder denkende Geist vollzieht seine Denkakte so wie die Funktion seiner unendlichen Raumanschauung in individueller Weise und weiß zugleich, da alle andern denkenden Wesen dieselbe in übereinstimmender Weise in ihrer Innenwelt vollziehen. Alle diese individualisierten Unendlichkeitsfunktionen wurzeln aber in einer ursprünglichen Einheit aller, die ein Überindividuelles, die der Eine Raum ist. Die einzelnen Intellekte erscheinen sich so als ureigene Strahlen derselben Geistersonne, die ihren Reichtum, ihre Fülle wieder in diesem Inbegriff aller möglichen geistigen Individualfunktionen findet, die den zahllosen Farbentönen gleichen, die sich im weißen Sonnenlicht vereinigen und alle gleich unendlich sind. Tolstoj wird diesem Verhältnis soweit gerecht, als er fordert, daß der Mensch als sein Ich Gott anerkenne. („Gedanken über Gott". S. 81.) Da aber Tolstoj das Menschlich-Individuelle bloß als Dinglich-Endliches anerkennt oder als Teuflisches verwirft („Möge Gott uns vor dem … Teufel hüten, der das ‚Ich' ist in mir und Ihnen." „Sinn des Lebens". S. 14.), so gewinnt dies Versenken des Ichs in die Gottheit den Sinn des Erlöschens, der bloßen Verneinung des geistigen Individuums, wie beim Nirwana der Inder. Bis an sein Lebensende äußerte daher Tolstoj Zweifel über das Fortleben des individuellen Geistes.

Was Tolstoj fehlt, ist eine klare Erkenntnis der *universellen* Natur des *individuellen* Geistes und damit auch der Gottheit als des Überindividuellen, der ursprünglichen heiligen Gemeinschaft aller Geister, die weder Persönlichkeit in dem Sinne geistiger Individualität noch auch Unpersönliches in diesem Sinne ist. Tolstoj schwankt nur zwischen jenen beiden, gleich irrtümlichen Annahmen. Dieselbe ursprüngliche Einheit und Gemeinschaft aller geistigen Individuen, die dem unlebendigen Geist als die schattenhafte und eisige Form der Vernunft erscheint, keimt auf in dem unanschaulichen erhabenen Gefühl der Liebe, so daß die als Lebensgestalt begriffene Vernunft, der Logos, der Fleisch geworden, die Liebe selbst ist und Liebe und Vernunft sich als dasselbe enthüllen in der zu ihrem göttlichen Leben erwachten Vernunft und in der zum Lichte der Erkenntnis erwachten Liebe.

Diese große Lücke in der Weltanschauung Tolstojs sucht sein Antipode Friedrich Nietzsche zu ergänzen, dem, wie ich in meiner Schrift „Friedrich Nietzsche an der Grenzscheide zweier Weltalter" (Verl. von E. Diederichs) gezeigt habe, in seiner Idee vom Übermenschen eben der Gedanke der universalen Natur des geistigen *Individuums* vorschwebte: das unendliche Selbstbewußtsein im Gegensatz zum endlichen Selbstbewußtsein des bisherigen Menschen, des alten Adam. Nietzsche stimmt aber mit Tolstoj darin überein, daß er ein ebenso naiv antik denkender Mensch war wie dieser und daher seine große Idee auch nur künstlerisch ausführen konnte in seinem „Also sprach Zarathustra", im tiefsten Widerspruch zu seiner naturalistischen Philosophie.

Diesen selben Gedanken der universellen, der göttlichen Natur der geistigen Individualität repräsentiert aber, trotz ihrem Rückfall in die Gedankenkreise der alten Welt, die Kirche in ihrem Dogma von der Gottheit Christi in künstlerischer Form. Diesem großen Symbol gegenüber, in welchem Tolstoj nichts als den Rückfall in antike Menschenvergötterung sieht (und in diesem heidnischen Sinn verkündet dies Dogma in der Tat, in der Praxis die Kirche), stellt sich unser Prophet entgegen mit der Aufklärung, daß Jesus auch nur ein solcher Mensch gewesen wie die andern und bemerkt den ungeheuren Schritt in eine neue Welt des Erkennens nicht, den der erste

Erkennende machte, als er die Frage, wer er wäre, damit beantwortete, daß er ein All-Licht, ein „Licht der Welt" wäre, eine göttliche Allgestalt, nicht von der Erde, sondern aus den Himmeln aller Himmel, dem Urlicht der Vernunft entstammend und eins mit diesem Licht, und daß sich alle Menschen ebenso als ein solches überkosmisches Licht, als „Götter", als „Licht der Welt" zu erkennen hätten wie er. Da nun dem dunklen Gefühle der gläubigen Herde die Ahnung dieser Wahrheit hervorschimmert hinter dem kirchlichen Bilde, bewahrt das Kirchenwesen als Hüter dieses Geheimnisses eine verhängnisvolle Überlegenheit über eine nach dem vollen, schleierlosen Licht ringende Aufklärung, die aber das universelle Wesen des individuellen Geistes gar nicht kennt.

Diese Erkenntnis der idealen, universellen Natur des individuellen Menschengeistes aber kann allein auch die Grundlage bilden für eine Idealform menschlicher Gesellschaft, wie sie Tolstoj vorschwebt. Die Liebe ist ein ideales Gefühl, welches sich nicht gebieten, nicht predigen läßt, sondern bedingt ist durch die Vollkommenheit, die ideale Natur des geliebten Gegenstandes. Es ist unmöglich, ein noch so künstlich gefügtes Kot- und Staubgebilde oder auch noch so subtiles Phantom zu lieben. Gegenstand der Liebe kann nur ein im Strahlenglanz der Unendlichkeit aufleuchtendes, im unendlichen Reichtum seines Innenlebens harmonisches, kann nur ein göttliches Leben und Wesen sein. So schwebt schon der idealen Geschlechtsliebe – die der antik-naive Tolstoj eigentlich gar nicht kennt – der geliebte Gegenstand vor (mit Shakespeares Julia) als ein überschäumendes Meer der Herrlichkeit, unendlichen Reichtum aus der eigenen Tiefe spendend und empfangend. Die Gottesliebe ist aber unendlich mehr als dies, das Meer aller dieser Meere, in dessen heiligen Tiefen überall die geistige Individualität zu finden ist. Die reine, wahllose Menschenliebe ist demnach nicht etwas neben der Gottesliebe, sondern die Gottesliebe selbst.

Den zu ihrem göttlichen Selbsterkennen erwachten Menschen wird es unmöglich sein, ein Leben zu führen, wie es T. in seinem *„Aufruf an die Menschheit"* und in *„Moderne Sklaverei"* so beredt schildert. Sie werden unmöglich eine parasitische, sittlich verkommene herrschende Schicht bilden, deren ganzes Leben in erbärmlichen Eitelkeiten des Luxus und in ästhetisch geschminkten, frivolen Sinnesgenüssen besteht. Es wird diesen Menschen unmöglich sein, sich vom Mark und Blut ihrer Brüder zu nähren in einer zwar raffinierten, aber nicht weniger grausamen Weise der Menschenfresserei, als dies bei den primitiven Kannibalen Sitte ist. Es wird unmöglich sein, daß „eine Anzahl schlechter Menschen in der Gestalt von Regierungen", Menschen, die, wie Tolstoj nachweist, schlechter sind wie die ungesetzliche Sorte von Räubern, ihre Mitmenschen nicht bloß plündern und in Kriegen massenhaft hinschlachten lassen, sondern, was noch schlimmer ist, systematisch demoralisieren. Die erhabenen Gebote der Bergpredigt, die Tolstoj immer wiederholt, werden erst dann ihren Sinn gewinnen, wenn der Mensch in unbeschreiblicher Herrlichkeit, im Strahlenglanz der Unendlichkeit als Gottesgestalt, als Heiligtum und so allein als der würdige Gegenstand der Liebe erscheinen wird, als jenes paradiesische Licht über allen Welten, welches selbst im Versunkensten schlummert.

Die Frage der praktischen Durchführbarkeit einer dieser Weltanschauung des Erkennens entsprechenden edleren Kultur und der Auflösung der bestehenden halbtierischen, halbteuflischen angesichts der ungeheuren Hindernisse, die sich dieser größten aller Umwälzungen entgegenstellen, wollen wir in der Einführung zum folgenden [zweiten] Band [der ‚Flugschriften'] erörtern.

WAS IST RELIGION UND WORIN BESTEHT IHR WESEN?

(Čto takoe religija i v čem suščnost' eja?)

Leo N. Tolstoi

Übersetzt von Iwan Ostrow

[I.]

Immer und überall in der menschlichen Gesellschaft ist zu gewissen Perioden ihres Lebens eine Zeit angebrochen, wo die Religion von ihrer Grundbedeutung anfangs abwich, dann, immer mehr und mehr abweichend, ihre Grundbedeutung verlor und endlich in den einmal festgestellten Formen erstarrte; und dann wurde ihre Wirkung auf das Leben der Menschen eine immer geringere.

In solchen Perioden gibt die gebildete Minorität, welche an die bestehenden Religionssatzungen nicht mehr glaubt, sich nur den Anschein, daß sie daran glaube, weil sie dies behufs des Zurückhaltens der Volksmassen in den bestehenden Lebensverhältnissen für nötig erachtet; die Volksmassen dagegen, obgleich durch die *vis inertiae* in den einmal bestehenden Religionsformen festgehalten, werden in ihrer Lebensweise schon nicht mehr von den Anforderungen der Religion geleitet, sondern nur von Volkssitten und Regierungsgesetzen.

Dies ist vielfältig in den verschiedenen menschlichen Gesellschaftsgestaltungen der Fall gewesen. Aber niemals war das der Fall, was jetzt in unserer christlichen Gesellschaft vor sich geht. Niemals war es der Fall, daß die reiche, herrschende, höher gebildete Minorität, welche den allergrößten Einfluß auf die Massen hat, nicht nur an die bestehende Religion nicht glaubte, sondern davon überzeugt war, daß in unserer Zeit kein Mensch Religion mehr brauche; daß sie den Menschen, welche an der Wahrheit der konfessionellen Religion Zweifel hegen, nicht etwa irgend eine andere, vernünftigere und klarere Religionsdoktrin, als die bestehende, beibrachte, sondern diese Lehre: die Religion habe überhaupt ihre Zeit überlebt und sei jetzt nicht nur ein unnützes, sondern sogar ein schädliches Organ im Leben der Gesellschaft, von der Art etwa, wie der Blinddarm im Organismus des Menschen. Die Religion wird von Menschen dieser Art nicht als etwas uns aus innerer Erfahrung Bekanntes studiert, sondern als eine äußere Erscheinung – wie etwa eine Krankheit, von welcher gewisse Leute befallen zu werden pflegen, und welche wir nur nach äußeren Symptomen erforschen können.

Nach der Meinung einer Gruppe von diesen Menschen ist die Religion aus der Beseelung aller Naturerscheinungen hervorgegangen, (Animismus); nach der Meinung einer andern Gruppe – aus der Möglichkeitsvorstellung von Beziehungen zu unseren verstorbenen Vorfahren; nach der Meinung einer dritten – aus der Furcht vor den Naturgewalten. Und da – so folgern die gelehrten Leute unserer Zeit weiter – da die Wissenschaft bewiesen hat, daß Bäume und Steine nicht beseelt werden können, und daß die toten Vorfahren schon nicht mehr empfinden, was die Lebenden thun, und daß die Naturerscheinungen sich aus natürlichen Ursachen erklären: so ist auch die Notwendigkeit der Religion aufgehoben und damit auch die Beschränkungen, welche die Menschen infolge religiöser Gläubigkeit sich auferlegten. Nach der Meinung der Gelehrten gab es eine Zeitperiode der Unwissenheit – die religiöse. Diese Periode ist von der Menschheit bereits lange überlebt; es sind nur spärliche, atavistische Merkmale davon übrig geblieben. Später gab es eine metaphysische Periode, und auch diese ist überlebt. Jetzt leben wir, wir aufgeklärten Leute, in der wissenschaftlichen Periode, in der Periode der positiven Wissenschaft, welche die Religion ablöst und die Menschheit auf eine so hohe Stufe der Entwickelung führen wird, wie sie nimmer hätte erreichen können, wenn sie den abergläubischen religiösen Lehren unterworfen geblieben wäre.

Zu Anfang des Jahres 1901 hielt der berühmte französische Gelehrte Berthelot eine Rede[6], worin er seinen Zuhörern den Gedanken aussprach, daß die Zeit der Religion vorüber sei und daß die Religion jetzt durch die Wissenschaft ersetzt werden müsse. Ich citiere diese Rede deshalb, weil sie mir zuerst in die Hände fiel und weil sie in der Hauptstadt der gebildeten Welt von einem allerseits anerkannten Gelehrten gehalten wurde; aber der gleiche Gedanke wird

---

[6] *Revue de Paris*, janvier 1901.

beständig und überall ausgesprochen, angefangen bei philosophischen Abhandlungen bis zu Zeitungs-Feuilletons hinab. Mr. Berthelot sagt in jener Rede, daß es früher zwei Ursachen gab, welche die Menschheit in Bewegung setzten: die Gewalt und die Religion. Nunmehr aber seien diese bewegenden Kräfte überflüssig geworden, weil an ihre Stelle die Wissenschaft getreten sei. Unter der Wissenschaft versteht Mr. Berthelot augenscheinlich, ebenso wie alle an die Wissenschaft glaubenden Menschen, eine solche Wissenschaft, welche alle Gebiete menschlicher Erkenntnis umfaßt, dieselben harmonisch vereinigt und, je nach ihrer Wichtigkeit, unter einander einordnet; und welche solche Methoden beherrscht, daß alle von ihr erreichten gegebenen Größen die unzweifelhafte Wahrheit darstellen. Da aber eine solche Wissenschaft in Wirklichkeit nicht existiert; und da das, was Wissenschaft genannt wird, nur eine Sammlung von zufälligen, durch nichts unter einander verbundenen Kenntnissen bildet, die oftmals gänzlich unnötig sind und nicht nur keine unzweifelhafte Wahrheit darstellen, sondern auch durch die Bank die gröbsten Irrtümer – heute als Wahrheiten aufgestellt und morgen umgestoßen – enthalten: so ist es ersichtlich, daß der Gegenstand nicht existiert, welcher nach Mr. Berthelots Meinung die Religion ersetzen soll. Darum ist aber auch die Behauptung von Mr. Berthelot und von ihm gleichgesinnten Männern, daß die Religion durch die Wissenschaft ersetzt werden würde, vollkommen willkürlich und nur gegründet auf den durch nichts gerechtfertigten Glauben an die unfehlbare Wissenschaft, völlig gleich dem Glauben an eine unfehlbare Kirche. Indessen aber sind Männer, welche Gelehrte heißen und sich für Gelehrte halten, vollkommen davon überzeugt, daß bereits eine solche Wissenschaft existiere, welche die Religion ersetzen solle und könne und letztere sogar aufgehoben habe.

„Die Religion hat ausgedient; an irgend etwas außer der Wissenschaft zu glauben, ist Unwissenheit. Die Wissenschaft ordnet alles, was nötig ist, und im Leben darf man sich nur von der Wissenschaft leiten lassen" – so denken und sprechen, wie die Gelehrten selbst, so auch die Leute der großen Menge, die – obgleich sehr weit von der Wissenschaft entfernt – doch den Gelehrten glauben und vereint mit diesen behaupten, daß die Religion ein überlebter Aberglaube sei und man sich im Leben nur von der Wissenschaft leiten lassen müsse, d. h. eigentlich von nichts, weil die Wissenschaft ihrem eigensten Zwecke gemäß – der Erforschung alles Bestehenden – keine Anleitung für das Leben der Menschen geben kann.

II.

Die gelehrten Männer unserer Zeit haben entschieden, daß Religion nicht nötig sei; daß die Wissenschaft sie ablösen werde, wenn sie dieselbe nicht schon abgelöst habe; inzwischen aber hat, wie früher, so auch jetzt, ohne Religion niemals eine menschliche Gesellschaft gelebt und kann ohne sie nicht leben; weder eine menschliche Gesellschaft, noch ein einzelner vernünftiger Mensch. (Ich sage deshalb vernünftiger Mensch, weil der unvernünftige Mensch, ebenso wie das Tier, auch ohne Religion leben kann.) Und zwar kann der vernünftige Mensch aus dem Grunde nicht ohne Religion leben, weil nur die Religion dem vernünftigen Menschen die ihm notwendige Anleitung darüber giebt, was er zu thun habe und was er früher und was später thun solle. Der vernünftige Mensch kann gerade deshalb ohne Religion nicht leben, weil die Vernunft eine Eigenschaft seiner Natur ist. Jedwedes Tier wird in seinen Handlungen – ausgenommen diejenigen, zu welchen das direkte Bedürfnis seiner Triebbefriedigung es hinreißt – von der Überlegung der nächsten Folgen seines Handelns geleitet. Indem das Tier diese Folgen mittels der ihm zu Gebote stehenden Hilfsmittel der Erkenntnis überlegt, bringt es seine Handlungen mit jenen Folgen in Einklang, und es wird immer ohne zu schwanken in ein und derselben Art und Weise dieser Überlegung entsprechend handeln. So fliegt z. B. die Biene nach Honig aus und trägt ihn in den Stock, weil sie im Winter die von ihr gesammelte Nahrung für sich und die Jungen braucht, und über diese Erwägung hinaus weiß sie nichts und kann sie nichts wissen; ebenso verfährt der Vogel, der sein Nest flieht, oder von Norden nach Süden zieht und umgekehrt. Ebenso verfährt auch jedes andere Tier, wenn es eine Handlung vollzieht, die nicht einem direkten sofortigen Bedürfnis entspringt, sondern durch die Überlegung erwarteter Folgen bedingt ist. Nicht so der Mensch. Der Unterschied zwischen dem Menschen und dem Tier besteht darin, daß die Erkenntnisfähigkeit des Tieres sich auf das beschränkt, was wir Instinkt nennen, während die fundamentale Erkenntnisfähigkeit des

Menschen die Vernunft ist. Die Biene, die ihre Nahrung einsammelt, kann keinen Zweifel darüber hegen, ob es gut oder schlecht sei, sie einzusammeln. Aber der Mensch, welcher die Ernte oder die Früchte einsammelt, kann nicht umhin, daran zu denken – ob er nicht für zukünftige Zeit das Wachstum des Korns oder der Früchte vernichte? oder daran – ob er nicht durch sein Einsammeln dem Nächsten die Nahrung entziehe? Er kann nicht umhin, auch daran zu denken: was wird aus jenen Kindern werden, welche er ernährt? und mancherlei anderes. Die wichtigsten Fragen der Lebensführung können durch den vernünftigen Menschen nicht endgültig entschieden werden, und zwar gerade durch die Überfülle an Folgen, welche er nicht umhin kann, zu sehen. Jeder vernünftige Mensch fühlt, wenn er es nicht weiß, daß er in den allerwichtigsten Lebensfragen weder von persönlichen Gefühlsregungen sich leiten lassen kann, noch von Erwägungen über die nächsten Folgen seiner Thätigkeit, weil er zu viel verschiedene und oft entgegengesetzte Folgen sieht, d. h. solche, die ebenso wahrscheinlich wohlthätig wie schädlich einwirken können, sowohl was ihn, als was andere Menschen betrifft. Es giebt eine Legende, wie ein Engel, der auf die Erde zu einer gottesfürchtigen Familie niederstieg, daselbst ein Kindchen tötete, welches in der Wiege lag; und als man ihn fragte, weshalb er dies gethan, erklärte er, daß dieses Kind der größte Bösewicht geworden wäre und das Unglück seiner Familie gestiftet hätte. Aber nicht nur die Frage, welches Menschenleben nützlich, unnütz oder schädlich ist – alle wichtigsten Lebensfragen können vom vernünftigen Menschen nicht auf die Erwägung ihrer nächsten Beziehungen und Folgen hin entschieden werden. Der vernünftige Mensch kann sich nicht durch jene Überlegung befriedigt fühlen, durch welche das Tier sich leiten läßt. Der Mensch kann sich als Tier unter Tieren betrachten, die nur für den gegenwärtigen Tag leben; er kann sich als Mensch betrachten und als Mitglied der Gesellschaft, des Volkes, welches Jahrhunderte lebt; kann und soll sogar unbedingt (weil ihn die Vernunft unaufhaltsam dahin führt) sich als einen Teil der ganzen unendlichen Welt betrachten, welche endlose Zeiten lebt. Und darum sollte der vernünftige Mensch in Beziehung auf die unendlich kleinen Lebenserscheinungen, die seine Handlungen beeinflussen können, das thun und hat es auch immer gethan, was man in der Mathematik mit „die Integralgröße finden" bezeichnet; d. h.

außer den Beziehungen zu den nächsten Lebenserscheinungen soll er seine Beziehung zur ganzen, in Zeit und Raum unendlichen Welt feststellen, wobei dieselbe als ein Ganzes begriffen wird. Und solche Feststellung der Beziehungen des Menschen zu dem Ganzen, von welchem er sich selber als einen Teil fühlt und aus welchem er eine Anleitung für seine Handlungen entnimmt, dies ist eben, was Religion genannt wurde und genannt wird. Und darum war die Religion immer, was sie zu sein nicht aufhören kann, eine Notwendigkeit und eine unabweisbare Lebensbedingung für den vernünftigen Menschen und die vernünftige Menschheit.

III.

So wurde die Religion immer von Menschen aufgefaßt, welche des höchsten, d. h. des religiösen Bewußtseins nicht entbehrten, das den Menschen vom Tier unterscheidet. Die älteste und gebräuchlichste Definierung der Religion, wovon sich auch das Wort selbst herleitet: *religio (religare,* binden) besteht darin, daß die **Religion das Band zwischen Menschen und Gott ist.** *„Les obligations de l'homme envers Dieu, voilà la religion"*, sagt Vauvenargues. Die gleiche Bedeutung·legen der Religion Schleiermacher und Feuerbach bei, indem sie anerkennen:

Die Grundlage der Religion ist des Menschen Erkenntnis seiner Abhängigkeit von Gott. *„La religion est une afffaire entre chaque homme et Dieu". „La religion est le résultat des besoins de l'ame et des effets de l'intelligence. "* (B. Constant) **Die Religion ist für den Menschen ein gewisses Hilfsmittel der Realisation seiner Beziehung zu den übermenschlichen und geheimen Kräften, von welchen er sich abhängig glaubt.** (Goblet d'Alviella) **Religion ist die Erklärung des Menschenlebens mittels der Verbindung der Menschenseele mit jenem geheimnisvollen Geist, dessen Herrschaft über die Welt und über sich vom Menschen anerkannt wird und mit welchem er sich vereint fühlt.** (A. Reville).

So wurde und wird also das Wesen der Religion auch jetzt von Menschen, die der höchsten menschlichen Eigenschaft nicht beraubt sind, als eine Feststellung seitens des Menschen, bezüglich seiner Beziehungen zu dem unendlichen Wesen oder den Wesen aufgefaßt, deren Macht er über sich fühlt. Und diese Beziehung, wie verschieden sie auch immer für die verschiedenen Völker und in verschiedenen Zeiten sei, bestimmt doch immer für die Menschen ihre Bedeutung in der Welt, aus welcher natürlicher Weise auch die Anleitung für ihre Handlungsweise entsprang. Der Jude verstand seine Beziehung zum Unendlichen in der Weise, daß er ein Glied des von Gott aus allen Völkern auserwählten Volkes sei, und daß er deshalb vor Gott den von Gott mit diesem Volke geschlossenen Vertrag erfüllen müsse. Der Grieche verstand seine Beziehung in der Weise, daß er, abhängig von den Stellvertretern der Unendlichkeit – den Göttern, – thun müsse, was ihnen angenehm ist. Der Brahmane verstand seine Beziehung zum unendlichen Brahma in der Weise, daß er eine Offenbarung dieses Brahma sei und daß er durch Lebens-Entsagung nach einer Wiedervereinigung mit diesem höchsten Wesen streben müsse. Der Buddhist verstand und versteht seine Beziehung zum Unendlichen in der Weise, daß er, aus einer Lebensform in die andere beständig übergehend, unvermeidlich leiden müsse; daß die Leiden aus Leidenschaften und Wünschen hervorgehen; und daß er deshalb nach der Vernichtung aller Leidenschaften und Wünsche und nach dem Übergang in das Nirvana streben müsse. Jedwede Religion ist die Feststellung der Beziehung des Menschen zum unendlichen Dasein, an welchem er sich selbst Teil habend fühlt, und aus welchem er die Leitung für seine Wirksamkeit entnimmt. Stellt darum die Religion die Beziehung des Menschen zum Unendlichen nicht fest, wie zum Beispiel der Götzendienst oder die Magie, so ist das schon keine Religion mehr, sondern nur eine Entartung derselben. Wenn auch die Religion die Beziehung des Menschen zu Gott feststellt, aber mit Behauptungen feststellt, die der Vernunft und den gleichzeitigen Kenntnissen der Menschen nicht entsprechen, so daß der Mensch diesen Behauptungen nicht glauben kann, so ist dies ebenfalls keine Religion mehr, sondern nur ein Gleichnis von ihr. Wenn die Religion nicht das Leben des Menschen mit dem unendlichen Dasein vereinigt, so ist das auch keine Religion mehr. Und ebenfalls ist keine Religion – die Forderung, an solche Satzungen zu glauben, aus welchen eine bestimmte Richtung der menschlichen Wirksamkeit nicht entspringt.

Die wahre Religion ist eine solche, welche im Einklang mit der Vernunft und mit dem Wissen des Menschen für ihn eine Beziehung mit dem ihn umgebenden unendlichen Leben feststellt, die sein Leben mit dieser Unendlichkeit verbindet und seine Wirksamkeit lenkt.

IV.

Ungeachtet dessen, daß nirgend und niemals die Menschen ohne Religion weder gelebt haben, noch leben, sprechen die gelehrten Männer unserer Zeit – ebenso wie jener Arzt wider Willen von Molière, der versichert, daß die Leber sich auf der linken Körperhälfte befinde und sagt: *„Nous avons changé tout cela"* – daß es möglich und nötig sei, ohne Religion zu leben. Aber wie die Religion es war, so bleibt sie auch die hauptsächlichste bewegende Kraft, das Herz im Leben der menschlichen Gesellschaft, und wie ohne Herz, so kann auch ohne sie kein vernünftiges Leben bestehen. Es giebt auch jetzt noch viel verschiedene Religionen, weil der Ausdruck der menschlichen Beziehung zum Unendlichen, zu Gott oder zu Göttern, verschieden ist, je nach der Zeit und je nach der Entwicklungsstufe der verschiedenen Völker; aber niemals hat auch nur eine einzige menschliche Gesellschaft seit jener Zeit, wo Menschen als vernünftige Geschöpfe existierten, ohne Religion leben können, und darum hat sie auch nicht und kann sie auch nicht ohne Religion gelebt haben und leben.

Es ist wahr, es gab und es giebt im Leben der Völker Perioden, wo die bestehende Religion so entstellt war und so hinter dem Leben zurückblieb, daß sie dasselbe schon nicht mehr lenkte. Aber dieses zu gewisser Zeit in jeder Religion eintretende Aufhören der Einwirkung auf das Leben der Menschen pflegt nur zeitweilig zu sein. Die Religion besitzt wie alles Lebendige die Eigenschaft, zu keimen, sich zu entwickeln, zu altern, abzusterben, aufs Neue geboren zu werden, und bei jeder Wiedergeburt immer in vollendeterer Form als früher aufzuerstehen. Nach einer Periode der höchsten Entwickelung der Religion bricht immer eine Periode ihrer Entkräftung und Erstarrung an, worauf gewöhnlich eine Periode der Wiedergeburt und der Feststellung einer vernünftigeren und klareren Religionslehre, als die frühere war, beginnt. Solche Zeitabschnitte der Entwickelung, des Absterbens und der Wiedergeburt giebt es in allen Religionen. So war es in der tiefsinnigen brahmanischen Religion; sobald sie zu altern und in einmal festgestellten groben Formen zu versteinern begann, welche von ihrem Grundgedanken abwichen: da erschienen auch von der einen Seite eine Wiedergeburt des Brahmaismus, und von der andern die hohe Lehre des Buddhismus, welche den Begriff der Menschheit von ihrer Beziehung zum Unendlichen vorwärts bewegten. Solch ein Verfall war auch in der griechischen und römischen Religion eingetreten, und ebenso erschien als Folge des bis zur höchsten Stufe gediehenen Verfalls das Christentum. Dasselbe war der Fall mit dem Kirchen-Christentum, welches in Byzanz zur Bilderdienerei und Vielgötterei entartete, worauf als Gegengewicht dieser Entstellung des Christentums einerseits die Paulicianer erschienen, andererseits im Widerstand zur Lehre von der Dreieinigkeit und der Gottesgebärerin, der strenge Muhammedanismus mit seinem Grunddogma des einzigen Gottes auftrat. Dasselbe trat bei dem päpstlichen mittelalterlichen Christentum ein, welches die Reformation hervorrief. So bilden also die Perioden der Entkräftigung der Religion, in dem Sinne ihrer Einwirkung auf die Mehrheit der Menschen, die notwendige Bedingung des Lebens und der Entwickelung aller religiösen Lehren. Dies geht aus dem Grunde hervor, daß jegliche religiöse Lehre in ihrem wahren Sinne, wie grob dieselbe auch sei, immer die Beziehung des Menschen zum Unendlichen feststellt, welches ein und dasselbe für alle Menschen bleibt. Jegliche Religion erkennt den Menschen als gleich nichtig vor dem Unendlichen, und darum schließt jegliche Religion in sich immer den Begriff der Gleichheit aller Menschen vor demjenigen, was sie als Gott betrachtet, – sei dieser Gott nun der Blitz, der Wind, ein Baum, ein Tier, ein Heros, ein toter oder sogar ein lebender Herrscher, wie dies in Rom der Fall war. So ist also die Anerkennung der Gleichheit aller Menschen unvermeidlich die Grundeigenschaft jeder Religion. Da aber in Wirklichkeit eine Gleichheit der Menschen unter sich niemals und nirgends bestand oder besteht, so bemühten sich die Leute, für welche eine Ungleichheit vorteilhaft war, sofort beim Erscheinen einer neuen religiösen Doctrin – die immer die An- erkennung der Gleichheit aller Menschen in sich schloß – diese Grundeigenschaft der religiösen Lehre dadurch zu verhehlen, daß sie die religiöse Lehre selbst entstellten. Dies geschah auch immer und überall, wo eine neue religiöse Doktrin erschien. Und dies ge- schah meistenteils nicht bewußt, sondern nur als eine Folge davon, daß die Menschen, für welche eine Ungleichheit vorteilhaft war, die Mächtigen, die Reichen, sich mit allen Mitteln bemühten, der religi- ösen Lehre eine solche Deutung zu geben, so daß die Ungleichheit möglich blieb, um vor der angenommenen Lehre als gerecht zu be- stehen, ohne doch dabei die eigene Lage zu ändern. Diese Entstel- lung der Religion, bei welcher die über Andere Herrschenden sich zur Herrschaft berechtigt halten konnten, wurde natürlicherweise auf die Massen übertragen und flößte diesen Massen den Glauben ein, daß ihre Unterwerfung unter die Herrschenden eine Forderung der von ihnen bekannten Religion sei.

V.

Jegliche menschliche Thätigkeit wird durch drei Beweggründe her- vorgerufen: durch das Gefühl, durch die Vernunft und durch die Eingebung von außen – jene nämliche Eigenschaft, welche von den Ärzten Hypnotismus genannt wird. Bisweilen handelt der Mensch nur unter dem Einfluß des Gefühls, bestrebt, das zu erreichen, was er begehrt; bisweilen handelt er unter dem alleinigen Einfluß der Vernunft, welche ihm das zeigt, was er thun soll; bisweilen und am allerhäufigsten handelt der Mensch, weil er sich selber oder Andere ihm eine gewisse Thätigkeit suggeriert haben, und er unbewußt der Suggestion gehorcht. Unter normalen Lebensbedingungen haben alle diese drei bewegenden Kräfte an der Handlungsweise des Men- schen Teil. Das Gefühl reißt den Menschen zu einer gewissen Hand- lungsweise hin; die Vernunft untersucht, ob diese Handlungsweise gemäß sei dem umgebenden Milieu, der Vergangenheit und der mutmaßlichen Zukunft; und die Suggestion zwingt den Menschen, ohne zu fühlen und zu denken, Handlungen auszuführen, die durch das Gefühl hervorgerufen und durch die Vernunft gebilligt werden. Wenn das Gefühl nicht wäre, so würde der Mensch keine einzige That unternehmen; wenn die Vernunft nicht wäre, würde der Mensch auf einmal vielen sich widersprechenden und ihm und andern schädlichen Gefühlen sich hingeben; wenn nicht die Fähigkeit bestände, der eigenen und fremden Eingebung zu gehorchen, so müßte der Mensch ohne Unterlaß jenes Gefühl erfahren, welches ihn zu einer gewissen Handlungsweise aufrief, und müßte seine Vernunft beständig zur Prüfung der Zweckmäßigkeit dieses Gefühls anstrengen. Und darum sind all diese drei bewegenden Kräfte eine Notwendigkeit für jegliches, auch das einfachste, menschliche Thun. Wenn der Mensch von einem Ort an den andern geht, so geschieht dies deshalb, weil das Gefühl ihn antrieb, von einem Ort an den andern zu gehen, weil die Vernunft diese Absicht guthieß, die Mittel der Ausführung vorschrieb (im gegebenen Falle das Schreiten auf einem gewissen Wege), und weil die Muskeln des Körpers gehorchen und der Mensch auf dem vorgeschriebenen Wege geht. In der Zeit, während er geht, werden sowohl sein Gefühl, wie seine Vernunft für eine andere Thätigkeit frei, was nicht der Fall sein könnte, wenn die Fähigkeit, der Eingebung zu gehorchen, nicht existierte. So geschieht dies bei allen menschlichen Handlungen und auch bei der wichtigsten von ihnen – der religiösen Thätigkeit. Das Gefühl ruft das Bedürfnis einer Feststellung der menschlichen Beziehungen zu Gott hervor; die Vernunft bestimmt diese Beziehung; die Eingebung bewegt den Menschen zu dem Handeln, welches aus dieser Beziehung entspringt. Aber dies geschieht nur so lange in dieser Art und Weise, als die Religion noch keiner Entstellung ausgesetzt war. Sobald aber diese Verschlechterung beginnt, so wird sich die Eingebung mehr und mehr verstärken, und die Thätigkeit des Gefühls und der Vernunft immer schwächer werden. Die Mittel der Eingebung sind nun immer und überall ein und dieselben. Diese Mittel bestehen darin, unter Benutzung desjenigen menschlichen Zustandes, wo der Mensch am meisten empfänglich für Eingebungen ist, (Kindesalter, wichtige Lebensereignisse – Todesfall, Geburten, Eheschließungen), auf ihn durch Werke der Kunst einzuwirken: durch Architektur, Bildhauerkunst, Malerei, Musik und dramatische Vorstellungen, und in diesem Zustande der Empfänglichkeit – welcher dem ähnelt, der bei einzelnen Menschen durch ein halbes

Einschläfern erreicht wird – ihm das zu suggerieren, was den Eingebern wünschenswert ist.

Diese Erscheinung kann man bei allen alten Glaubenslehren beobachten: sowohl bei der erhabenen Lehre des Brahmaismus, die zu grober Anbetung zahlloser Abbilder in verschiedenen Tempeln bei Gesang und Räuchern entartet ist, als auch bei der altjüdischen Religion, die von den Propheten gepredigt wurde, und die sich dann in eine Anbetung Gottes in einem herrlichen Tempel bei feierlichen Gesängen und Umzügen verwandelte; ferner bei dem erhabenen Buddhismus, der sich mit seinen Klöstern und Abbildungen Buddhas, mit seinen zahllosen, feierlichen Ceremonieen, in den geheimnisvollen Lamaismus und in den Taotismus [sic] mit seiner Zauberei und mit seinen Beschwörungen verwandelt hat.

In allen religiösen Doktrinen, wenn sie zu entarten anfangen, verwenden immer die Wächter der Religionslehre alle Anstrengungen darauf, den Menschen das zu suggerieren, was sie selber brauchen, indem sie dieselben zugleich in einen Zustand geschwächter Vernunftthätigkeit versehen. Nötig aber war es bei allen Religionen, immer dieselben drei Satzungen zu suggerieren, welche als Basis aller der Entstellungen dienten, denen die alternde Religion ausgesetzt war. Erstens dies: daß es eine besondere Art Menschen gäbe, welche allein als Mittelspersonen zwischen den Menschen und Gott oder den Göttern dienen können; zweitens dies: daß Wunder geschahen und geschähen, welche die Wahrheit dessen beweisen und bekräftigen, was diese Mittelspersonen zwischen Menschen und Gott sprechen; und drittens dies: daß es bestimmte Worte gäbe, die auswendig wiederholt werden oder die in Büchern geschrieben stehen, welche den unwandelbaren Willen Gottes oder der Götter ausdrücken, und die deshalb heilig und unfehlbar sind. Und sobald unter dem Einfluß der Hypnose nur einmal diese Satzungen angenommen waren, so wurde auch alles, was die Mittelspersonen zwischen Gott und den Menschen sprechen, als heilige Wahrheit angenommen, und das Hauptziel der Religions-Entstellung ist erreicht – nicht nur die Gesetze der Gleichheit aller Menschen sind verhüllt, sondern es ist auch die Feststellung und Bekräftigung der allergrößten Ungleichheit vollbracht, einer Einteilung in Kasten, einer Scheidung in Menschen und in Heiden, in Rechtgläubige und in Ungläubige, in Heilige und Sünder. Ganz dasselbe geschah und geschieht im

Christentum: die vollkommene Ungleichheit der Menschen unter einander wurde anerkannt; die Unterscheidung geschah nicht nur in dem Sinne des Verständnisses der Lehre – in den Klerus und das Volk –, sondern auch in dem Sinne der gesellschaftlichen Stellung – in Gewalt besitzende Menschen und solche, die sich jener Gewalt unterwerfen mußten, welche Gewalt nach der Lehre Paulus' als von Gott selbst eingesetzt anerkannt wird.

VI.

Die Ungleichheit der Menschen, nicht nur des Klerus und der Laien, sondern auch der Reichen und der Armen, der Herren und der Knechte, ist durch die christliche Kirchen-Religion in derselben bestimmten und schroffen Form ausgestellt worden, wie auch in anderen Religionen. Wenn wir indessen nach jenen gegebenen Größen urteilen, welche wir über den anfänglichen Zustand des Christentums nach der in den Evangelien zum Ausdruck gekommenen Lehre haben, so scheint es, daß die hauptsächlichsten Methoden der Entstellung, die in andern Religionen gebraucht werden, vorausgesehen waren, und daß eine Warnung davor klar ausgesprochen wurde. Gegen den Stand der Priester war geradezu gesagt, daß kein Mensch der Lehrer des andern sein könne, (nennet euch nicht Väter und Lehrer); dagegen war gesagt: man solle Büchern eine geheiligte Bedeutung zuschreiben, der Geist und nicht der Buchstabe sei das Wichtige; und die Menschen sollten nicht menschlichen Überlieferungen glauben; und das ganze Gesetz und die Propheten, d. h. alle Bücher, welche man für heilige Schriften hielt, führten nur darauf hinaus, daß du mit deinem Nächsten so verfahren sollst, wie du willst, daß man dir thue. Wenn nichts gegen die Wunder gesagt ist und im Evangelium selber Wunder beschrieben sind, als ob sie von Jesus vollzogen worden wären, so ist trotzdem aus dem ganzen Geist der Lehre ersichtlich, daß die Wahrheit der Lehre Jesu sich nicht auf Wunder gründete, sondern auf die Lehre selbst. („Wer wissen will, ob meine Lehre wahr sei, der mag thun nach meinen Worten".) Die Hauptsache ist, daß das Christentum die Gleichheit der

Menschen nicht erst als Folgerung aus der Beziehung der Menschen zum Unendlichen verkündet hat; sondern, daß es als Grundlehre die Brüderlichkeit aller Menschen aufstellte, da alle Menschen als Kinder Gottes anerkannt werden. Und darum sollte es unmöglich scheinen, das Christentum so zu entstellen, daß das Bewußtsein der Gleichheit der Menschen unter einander vernichtet würde. Aber der menschliche Verstand weiß sich zu helfen, und es wurde, vielleicht unbewußt oder halb bewußt, ein noch völlig neues Mittel (*truc*, wie die Franzosen sagen) dazu ausgedacht, die Warnung des Evangeliums und die offenbare Verkündigung der Gleichheit aller Menschen unwirksam zu machen. Dieser *truc* besteht darin, daß die Unfehlbarkeit nicht nur einem gewissen Buchstaben zugeschrieben wurde, sondern auch einer gewissen Versammlung von Menschen, welche die Kirche heißen, und welche das Recht haben, diese Unfehlbarkeit den von ihnen auserwählten Menschen zu überliefern.

Es wurde eine kleine Hinzufügung zu den Evangelien erdacht, nämlich dies: Christus habe, als er gen Himmel fuhr, gewissen Menschen das ausschließliche Recht übergeben, nicht nur den Menschenkindern die göttliche Wahrheit zu lehren, (er übergab zugleich buchstäblich nach dem Verse des Evangeliums auch das Recht, welches gewöhnlich nicht benutzt wird – unverletzlich zu sein für Schlangen, jegliches Gift und Feuer), sondern auch die Menschen selig zu machen oder zu verdammen und, was die Hauptsache, dieses Recht auch anderen Menschen zu übergeben. Und sobald nur der Begriff der Kirche fest aufgestellt war, so wurden auch schon alle Satzungen des Evangeliums unwirksam, welche eine Entstellung verhindern sollten, da die Kirche sowohl der Vernunft, als den für heilig anerkannten Schriften vorging. Die Vernunft wurde als Quelle des Irrtums bezeichnet; das Evangelium aber wurde nicht so ausgelegt, wie es der gesunde Menschenverstand verlangte, sondern wie es diejenigen haben wollten, welche die Kirche bildeten.

Und darum wurden alle drei früher genannten Methoden einer Religions-Entstellung – die Priesterschaft, die Wunder und die Unfehlbarkeit der Schrift – auch im Christentum in voller Kraft anerkannt. Anerkannt wurde die Gesetzmäßigkeit des Satzes, daß Mittelspersonen zwischen Gott und den Menschen existieren, weil die Kirche die Notwendigkeit und Gesetzlichkeit der Mittelspersonen anerkannte; anerkannt wurde die Wirklichkeit der Wunder, weil die unfehlbare Kirche dieselben bezeugte; anerkannt wurde die heilige Bibel, weil die Kirche sie anerkannte.

Und so wurde das Christentum ebenso entstellt, wie alle anderen Religionen, mit dem Unterschiede nur: daß gerade aus dem Grunde, weil das Christentum mit besonderer Klarheit seine Grundsatzung von der Gleichheit aller Menschen als Kindern Gottes verkündigte, es nötig war, die ganze Lehre besonders stark zu entstellen, um diese ihre Grundsatzung zu verhehlen. Und dies wurde denn auch mit Hilfe des kirchlichen Begriffes ausgeführt und in einem solchen Maß, wie es noch bei keiner religiösen Doktrin geschehen war. Und in der That, niemals hatte irgend eine Religion Satzungen, welche so offenbar mit der Vernunft und mit dem gleichzeitigen Wissen der Menschen nicht übereinstimmten, und solche unsittlichen Satzungen gepredigt, wie die, welche das kirchliche Christentum predigt. Um schon von allen Abgeschmacktheiten des Alten Testaments zu schweigen, wie z. B. die Erschaffung des Lichtes vor der Sonne; die Erschaffung der Welt vor sechstausend Jahren; das Unterbringen aller Tiere in der Arche Noah; und auch von verschiedenen, unsittlichen Abscheulichkeiten zu schweigen, wie z. B. die Vorschrift der Tötung von Kindern und ganzen Völkerschaften auf göttlichen Befehl; und auch von jenem abgeschmackten Sakrament zu schweigen, von dem schon Voltaire sagte, daß es alle möglichen ungereimten religiösen Doktrinen gäbe, aber daß noch niemals eine solche bestanden hätte, bei welcher der hauptsächlichste religiöse Akt darin bestünde, seinen eigenen Gott aufzuessen –: was kann unsinniger als das sein, daß die Gottesgebärerin – sowohl Mutter wie Jungfrau sei; daß der Himmel sich eröffnete und von dort eine Stimme erschallte; daß Christus gen Himmel geflogen sei und dort irgendwo zur Rechten des Vaters sitze; oder daß Gott einer sei und drei, und zwar nicht drei Götter, wie Brahma, Vischnu und Siwa, sondern einer und zu gleicher Zeit drei? Und was kann unsittlicher sein, als die entsetzliche Lehre, nach welcher Gott zornig und rachgierig ist, alle Menschen für die Sünde Adams bestraft und zu ihrer Erlösung seinen Sohn auf die Erde sendet, wobei er im voraus weiß, daß die Menschen ihn töten und deswegen verdammt werden; und was unsittlicher, als, daß die Erlösung der Menschen von der Sünde darin besteht, getauft zu werden, oder zu glauben, daß all dieses gerade so sich zutrug, und daß Gottes Sohn durch die Menschen behufs

Erlösung der Menschen getötet wurde, und daß diejenigen, welche dies nicht glauben, von Gott mit ewigen Qualen bestraft werden würden. Auch davon nicht zu sprechen, was von einigen als Beifügung zum Hauptdogma dieser Religion gerechnet wird, wie z. B. all das Glauben an verschiedene Reliquien, an die Bilder verschiedener Mütter Gottes, an Bittgebete, welche je nach ihrer Spezialität, an verschiedene Heilige gerichtet werden; auch nicht zu sprechen von der Lehre der Prädestination der Protestanten: so sind doch die von Allen anerkannten Hauptgrundlagen dieser Religion, die durch das Nicäische Glaubensbekenntnis festgestellt wurden, so ungereimt und unsittlich, in einen solchen Widerspruch mit gesunder menschlicher Empfindung und Vernunft gebracht, daß die Menschen daran nicht glauben können. Die Menschen können mit den Lippen gewisse Worte wiederholen, aber sie können nicht an das glauben, was keinen Sinn hat. Man kann mit den Lippen sagen: ich glaube daran, daß die Welt vor sechstausend Jahren erschaffen wurde; oder sagen: ich glaube, daß Christus gen Himmel fuhr und dort sitzet zur Rechten des Vaters; oder dies: daß Gott einer und doch zu gleicher Zeit drei sei; aber glauben an all das kann niemand, weil diese Worte eben keinen Sinn enthalten. Und darum glauben die Menschen unserer Welt, welche sich zu diesem entstellten Christentum bekennen, in Wirklichkeit an gar nichts. Und darin besteht die Eigentümlichkeit unserer Zeit.

VII

Die Menschen unserer Zeit glauben an garnichts, bilden sich aber dennoch ein, nach jener falschen Glaubensauslegung, die sie aus der Epistel an die Ebräer, die unrichtiger Weise Paulus zugeschrieben wird, entnommen haben. Der Glaube ist nach jener Auslegung die Verwirklichung (ὑπόστασις) des Erwarteten (ελεγχος), die Zuversicht auf das Unsichtbare. Aber wenn wir auch davon schweigen wollen, daß der Glaube nicht die Verwirklichung des Erwarteten sein kann, da der Glaube ein seelischer Zustand ist, die Verwirklichung des Erwarteten aber ein äußerer Vorgang, so ist doch der Glaube auch nicht die Zuversicht auf das Unsichtbare; denn diese

Zuversicht ist, wie es auch in der weiteren Erläuterung gesagt ist, durch das Vertrauen auf ein Zeugnis von der Wahrheit begründet, Vertrauen und Glauben aber sind zwei verschiedene Begriffe. Der Glaube ist weder Hoffnung, noch ist er Vertrauen, sondern er ist ein besonderer seelischer Zustand. Der Glaube ist das Bewußtsein des Menschen von seiner Stellung im Weltall, welche ihn zu gewissen Handlungen verpflichtet. Der Mensch handelt seinem Glauben entsprechend, nicht darum, wie dies im Katechismus gesagt ist, weil er an das Unsichtbare wie an etwas Sichtbares glaubt, und auch nicht darum, weil er das Erwartete zu empfangen hofft; sondern nur, weil er, nachdem er seine Stellung im Weltall bestimmt hat, natürlicherweise dieser Stellung entsprechend handelt. So bearbeitet der Landmann die Erde, und so schifft der Seemann über das Meer, nicht darum, wie dies im Katechismus gesagt ist, weil sie beide ans Unsichtbare glauben, oder für ihre Thätigkeit eine Belohnung zu erhalten hoffen, (diese Hoffnung existiert, aber nicht von ihr werden sie geleitet), sondern darum, weil sie diese Thätigkeit für ihren Beruf halten. So auch handelt der religiös-gläubige Mensch in einer gewissen Art und Weise nicht darum, weil er an das Unsichtbare glaubt, oder für seine Thätigkeit eine Belohnung erwartet, sondern weil er seine Stellung im Weltall begriffen hat und nun naturgemäß dieser Stellung entsprechend handelt. Wenn der Mensch einmal seine Stellung in der Gesellschaft dahin bestimmt hat, daß er ein Arbeiter, oder ein Handwerker, oder ein Beamter, oder ein Kaufmann ist, so wird er es für nötig halten, so zu arbeiten und arbeitet auch so, wie der Arbeiter, der Handwerker, der Beamte oder der Kaufmann. Ganz ebenso wird auch der Mensch im allgemeinen, der auf diese oder jene Weise seine Stellung im All bestimmt hat, unvermeidlich und naturgemäß dieser Bestimmung entsprechend verfahren (bisweilen sogar nicht nach der Bestimmung, sondern nach einem dunklen Bewußtsein davon). So wird z. B. ein Mensch, der seine Stellung im Weltall dahin bestimmt hat, daß er ein Glied des von Gott auserwählten Volkes ist, welches die Forderungen dieses Gottes erfüllen muß, um den Schutz dieses Gottes zu genießen: er wird so leben, daß diese Forderungen erfüllt werden. Ein anderer Mensch dagegen, welcher seine Stellung dahin bestimmt, daß er aus verschiedenen Daseinsformen hervorging und hervorgeht, und daß von seinen Handlungen mehr oder weniger seine bessere oder schlechtere Zukunft abhängt: er wird im

Leben von dieser Auffassung sich leiten lassen. Und die Handlungsweise eines dritten Menschen, der seine Stellung dahin bestimmt, daß er eine zufällige Vereinigung von Atomen sei, in welchen ein zeitweiliges Bewußtsein aufgeflammt ist, das dann wieder für immer vernichtet werden muß, wird von den zwei ersteren verschieden sein.

Die Handlungsweise dieser Menschen wird eine völlig verschiedene sein, weil sie ihre Stellung verschieden aufgefaßt haben, d. h. verschiedenen Glaubens sind. Der Glaube ist dasselbe, was die Religion, mit dem Unterschiede nur, daß wir unter dem Worte Religion eine von allen beobachtete äußere Erscheinung verstehen, mit Glauben dagegen diese selbe Erscheinung bezeichnen, wenn sie der Mensch in sich selber erfährt. Der Glaube ist das Bewußtsein des Menschen von seiner Beziehung zur unendlichen Welt, aus welchem die Richtung seines Thuns entspringt. Und darum pflegt der wahre Glaube niemals unvernünftig zu sein, ist niemals mit den bestehenden Kenntnissen nicht im Einklang; und die Übernatürlichkeit und Sinnlosigkeit können ihm nicht eigen sein, wie dies gemeint wird und wie dies auch ein Kirchenvater mit den Worten aussprach: *credo quia absurdum.* Im Gegensatz dazu enthalten die Behauptungen des wahrhaften Glaubens, obgleich sie nicht bewiesen werden können, in sich nicht nur nichts Vernunftwidriges und dem Wissen der Menschen Widersprechendes, sondern sie klären immer über das auf, was im Leben ohne Glaubensinhalt sich als unvernünftig und widerspruchsvoll darstellt.

Zum Beispiel, wenn der Jude des Altertums daran glaubte, daß es ein höchstes, ewiges, allmächtiges Wesen gäbe, welches die Welt, die Tiere und den Menschen u.s.w. erschaffen und versprochen habe, sein Volk zu beschützen, wenn das Volk seine Gesetze erfüllen würde: so glaubte er durchaus nichts Unvernünftiges, nichts, was mit seinen Kenntnissen nicht im Einklang stand; sondern im Gegenteil, diese Glaubensauffassung erklärte für ihn viele, ohne dieselbe unerklärliche Erscheinung des Lebens.

Ebenso, wenn der Hindu daran glaubte, daß unsere Seelen in Tieren waren, und daß sie je nach unserem guten oder bösen Leben in höhere oder niedere Tiere übergehen können, erklärte er sich durch diesen Glauben viele ihm ohne denselben unbegreifliche Erscheinungen. Dasselbe ist mit dem Menschen der Fall, der das Leben für ein Übel hält und als Ziel des Lebens die Ruhe erachtet, welche durch Vernichtung des Begehrens erreicht wird. Er glaubt nicht an irgend etwas Unvernünftiges, sondern im Gegenteil an etwas, das seine Weltanschauung vernünftiger gestaltet, als sie ohne diesen Glauben gewesen wäre. Das Gleiche ist bei dem wahrhaften Christen der Fall, der glaubt, daß Gott der geistige Vater aller Menschen sei, und daß das höchste Wohl des Menschen dann erreicht werde, wenn er seine Kindschaft zu Gott und die Brüderlichkeit aller Menschen untereinander anerkennt. Alle diese Glaubensauffassungen können zwar nicht bewiesen werden, aber sie sind in sich selber nicht unvernünftig, sondern verleihen im Gegenteil den Lebenserscheinungen eine vernünftigere Bedeutung, welche ohne diese Glaubensauffassungen als vernunftlos und widerspruchsvoll erscheinen. Außerdem verlangen alle diese Glaubensauffassungen, indem sie die Stellung des Menschen im Weltall bestimmen, unvermeidlich gewisse dieser Stellung entsprechende Handlungen. Und darum: wenn eine religiöse Lehre unsinnige Satzungen behauptet, welche nichts aufklären, sondern nur das Verständnis des Lebens noch mehr verwirren, so ist dies kein Glaube, sondern eine derartige Entstellung desselben, daß sie schon die Haupteigenschaften eines wahren Glaubens verloren hat, und nicht nur von dem Menschen nichts fordert, sondern für die Menschen eine dienliche Bedeutung erhält. Einer der Hauptunterschiede zwischen dem wahren Glauben und einer Entstellung desselben ist, daß bei einer Glaubensentstellung der Mensch fordert, daß Gott für seine Opfer und Gebete seine Wünsche erfülle, dem Menschen diene; bei dem wahren Glauben dagegen fühlt der Mensch, daß Gott von ihm, dem Menschen, das Verständnis seines Willens fordere, daß er fordere, daß der Mensch Gott diene.

Und gerade dieser Glaube lebt nicht nur nicht in den Menschen unserer Zeit, sondern sie wissen nicht einmal, was Glaube ist und verstehen unter dem Worte Glauben entweder eine Wiederholung mit den Lippen dessen, was ihnen für Wesenheit des Glaubens ausgegeben wird, oder eine Erfüllung von Ceremonien, die zur Erlangung des von ihnen Begehrten mitwirken sollen, wie das kirchliche Christentum dies lehrt.

VIII.

Die Menschen unserer Welt leben ohne jeglichen Glauben. Ein Teil der Menschen, die gebildete, reiche Minorität, hat sich von den kirchlichen Einflüssen befreit und glaubt an garnichts, weil sie jeglichen Glauben entweder für eine Dummheit hält, oder nur für ein nützliches Werkzeug zur Beherrschung der Massen. Die ungeheure, arme, ungebildete Majorität dagegen, mit wenigen Ausnahmen wirklich gläubige Menschen, die sich unter dem Einflüsse der Hypnose befinden, denkt, daß sie an das glaubt, was man ihr unter dem Anschein des Glaubens suggeriert, was aber kein Glaube ist, weil es dem Menschen seine Weltstellung nicht erklärt, sondern sie nur verdunkelt. Aus dieser Lage und den gegenseitigen Beziehungen zwischen der ungläubigen und heuchelnden Minorität und der hypnotisierten Majorität setzt sich das Leben unserer Welt, der sogenannten christlichen, zusammen. Und dieses Leben, sowohl der Minorität, welche in ihren Händen das Mittel zum Hypnotisieren hält, wie auch der hypnotisierten Mehrheit, ist entsetzlich; entsetzlich wegen der Härte und Sittenlosigkeit der Herrschenden und wegen der Erdrückung und Verdummung der großen arbeitenden Massen. Niemals, zu keinen Zeiten des religiösen Verfalles, erreichte die Geringschätzung und das Vergessen der Haupteigenschaft jeglicher Religion und besonders der christlichen – der Gleichheit der Menschen – eine solche Stufe, wie sie in unserer Zeit erreicht ist. Die Hauptursache der in unserer Zeit so furchtbaren Härte des Menschen gegen den Menschen, besteht außer in dem vollkommenen Fehlen der Religion auch noch in jener verfeinerten Komplizierung des Lebens, welche vor den Menschen die Folgen ihrer Handlungen verbirgt. Wie grausam auch Attila und Dschingis-Chan und ihre Mannen gewesen sein mochten: als sie selber Auge in Auge Menschen erschlugen, mußte der Vorgang des Tötens ihnen unangenehm sein und noch unangenehmer die Folgen des Tötens, die Wehklagen der Verwandten, die Gegenwart der Leichname, so daß die Grausamkeit durch ihre eigenen Folgen gemildert ward. In unserer Zeit dagegen töten wir die Menschen durch eine so komplizierte Übertragung, und die Folgen unserer Härte werden so sorgsam vor uns weggeräumt und versteckt, daß es gar keine die Härte aufhaltende Einwirkung giebt, daß die Grausamkeit der Einen gegen die Anderen sich immer mehr vergrößert und vergrößert, und in unserer Zeit Grenzen erreicht hat, bis zu welchen sie früher noch nie gelangte.

Ich denke, wenn in unserer Zeit – nicht etwa der als Bösewicht anerkannte Nero – sondern der allergewöhnlichste Unternehmer Lust hätte, einen Teich aus menschlichem Blute zu machen, damit nach der Vorschrift gelehrter Ärzte kranke, reiche Leute darin baden könnten, so dürfte er ungehindert diese Sache einrichten, vorausgesetzt, daß er sie nur in den gebräuchlichen, anständigen Formen ausführen würde. Zum Beispiel: wenn er die Leute nicht mit Gewalt zwänge, ihr Blut entströmen zu lassen, sondern sie in eine solche Lage brächte, daß sie ohne dies Opfer nicht leben könnten; und wenn er außerdem die Geistlichkeit und die Gelehrten einlüde, damit die Erstere den neuen Teich einweihte, wie sie Kanonen, Gewehre, Gefängnisse und Galgen weiht, und die Zweiten Beweise für die Notwendigkeit und Gesetzmäßigkeit solcher Anstalt heraussuchten, so wie sie auch Beweise für die Unerläßlichkeit der Kriege und der geduldeten Häuser herausgefunden haben. Das Grundprinzip jeglicher Religion – die Gleichheit der Menschen unter einander – ist bis zu einem solchen Grade vergessen, aufgegeben und von allen möglichen ungereimten Dogmen in der konfessionellen Religion verrammelt; in der Wissenschaft aber ist diese nämliche Ungleichheit unter dem Anschein des Kampfes ums Dasein und des Verbleibs der Befähigtesten (*the fittest*) bis zu einem solchen Grade als unerläßlichste Lebensbedingung anerkannt: daß die Vernichtung von Millionen Menschenleben für die Gemächlichkeit der herrschenden Minorität als gewöhnlichste und notwendigste Lebenserscheinung gilt und beständig vor sich geht.

Die Menschen unserer Zeit können sich nicht genug freuen über die glänzenden, kolossalen Erfolge, welche die Technik im neunzehnten Jahrhundert gemacht hat.

Es ist kein Zweifel daran, daß niemals in der Geschichte ein ähnlicher materieller Erfolg, d. h. ein ähnliches Beherrschen der Naturkräfte stattgefunden hat wie der im neunzehnten Jahrhundert errungene, aber es ist auch kein Zweifel daran, daß niemals in der Geschichte ein Beispiel solch sittenlosen Lebens, so los und ledig aller die tierischen Triebe des Menschen zurückhaltenden Kräfte, gewesen ist, wie dasjenige, welches unsere christliche Menschheit lebt, während sie sich immer mehr und mehr zerspaltet. Der materielle

Erfolg, welchen die Menschen des 19. Jahrhunderts erreichten, ist in der That groß; aber dieser Erfolg wurde und wird erkauft durch solche Verachtung der elementarsten Forderungen der Gleichheit, wie sie die Menschheit noch niemals, selbst nicht in den Zeiten von Dschingis-Chan, Attila oder Nero erreicht hatte.

Es ist kein Zweifel daran, daß die Panzerschiffe, die Eisenbahnen, der Buchdruck, die Tunnels, die Phonographen, die Röntgenstrahlen u.s.w. sehr gut sind. Alles dies ist sehr gut; aber gut ist auch, unvergleichlich über alles gut, wie Ruskin gesagt hat, – das Leben des Menschen, welches jetzt erbarmungslos millionenweise für die Erwerbung von Panzerschiffen, Eisenbahnen, Tunnels untergeht, die nicht einmal das Leben verschönen, sondern es nur verunstalten. Darauf erwidert man gewöhnlich, daß man bereits darüber nachdenke und mit der Zeit auch solche Vorsichtsmaßregeln erfinden wird, wobei die Menschenleben nicht mehr so ins Verderben gestürzt werden, wie es jetzt allgemein der Fall ist, – aber dies ist unwahr. Sobald die Menschen nicht alle Menschen für ihre Brüder halten, und solange das menschliche Leben nicht für den allerheiligsten Gegenstand gilt, welcher nicht nur nicht verletzt werden darf, sondern welchen zu erhalten als allererste, unerläßlichste Pflicht gerechnet wird: d. h., wenn die Menschen zu einander sich nicht religiös verhalten, so werden sie immer für ihren persönlichen Vorteil das Leben des Nächsten vernichten. Nicht ein einziger Narr wird darauf eingehen, Tausende auszugeben, wenn er dasselbe Ziel erreichen kann, indem er Hunderte unter Zugabe einiger Menschenleben ausgiebt, welche sich in seiner Gewalt befinden. In Chicago werden durch die Eisenbahnen jährlich annähernd die gleiche Anzahl Menschen zermalmt, und die Inhaber der Eisenbahnen ergreifen, aus vollkommen triftigen Gründen, nicht Vorsichtsmaßregeln, bei deren Anwendung die Menschen nicht zermalmt würden; denn sie berechnen, daß die jährliche Entschädigung der Beschädigten und ihrer Familien geringer ist, als die Prozente der Summe, die zu solchen Vorsichtsmaßregeln erforderlich wäre.

Es kann sehr wohl sein, daß Menschen, welche für ihren eigenen Vorteil Menschenleben aufs Spiel setzen, durch die öffentliche Meinung beschämt oder gezwungen werden, Vorsichtsmaßregeln zu treffen. Aber solange die Menschen nicht religiös sind und ihre Thaten nur vor den Menschen und nicht vor Gott thun, werden sie, während sie an einer Stelle Vorsichtsmaßregeln treffen, um das Leben der Menschen zu bewahren, in einer andern Sache wieder Menschenleben opfern, als das vorteilhafteste Material, sobald es sich um Gewinn handelt.

Es ist leicht, die Natur zu erobern und Eisenbahnen in Menge zu bauen und auch Dampfschiffe, Museen u.s.w., wenn man die Menschenleben nicht schont. Die ägyptischen Herrscher waren stolz auf ihre Pyramiden, und wir geraten in Entzücken über sie, weil wir die Millionen Sklavenleben vergessen, die bei diesen Bauten zu Grunde gingen. So geraten wir auch in Entzücken über unsere Ausstellungspaläste, unsere Panzer, unsere überseeischen Telegraphen und vergessen dabei, womit wir dies alles bezahlen. Stolz sein auf alles dies könnten wir nur dann, wenn alles dies frei von Freien geschaffen worden wäre und nicht von Knechten.

Christliche Völker haben die amerikanischen Indianer bekriegt und unterjocht, gleicherweise die Hindus, die Afrikaner; jetzt bekriegt und unterwirft man die Chinesen und ist stolz darauf. Aber eben diese Eroberungen und Unterjochungen gehen nicht daraus hervor, daß die christlichen Völker geistig höher als die unterworfenen Völker stehen, sondern im Gegenteil daraus, daß sie geistig unvergleichlich niedriger als jene stehen. Nicht zu reden von den Hindus und Chinesen, so gab und giebt es doch auch bei den Zulus etwelche religiöse, verpflichtende Grundsätze, welche gewisse Handlungen vorschreiben und andere verbieten; bei unseren christlichen Völkern dagegen giebt es solche nicht. Rom eroberte die ganze Welt gerade dann, als es anfing, sich von jeder Religion loszumachen. Ganz dasselbe, nur in stärkstem Grade, geht auch jetzt bei den christlichen Völkern vor. Sie alle befinden sich unter den ganz gleichen Bedingungen des Wegfalls der Religion, und darum sind sie ungeachtet der inneren Zwietracht alle insgesamt zu einer föderativen Räuberbande vereinigt, in welcher Diebstahl, Raub, Unzucht, Mord einzelner Personen und der Massen – sich nicht nur ohne die geringsten Gewissensbisse, sondern sogar mit größter Selbstzufriedenheit vollziehen, wie erst unlängst in China geschehen ist. Die Einen glauben an gar nichts und brüsten sich damit; die Andern heucheln, daß sie an das glauben, was sie zu ihrem Vorteil unter dem Anschein des Glaubens dem Volke suggerieren; und die Dritten – die ungeheure Mehrheit, das ganze Volk, – nehmen für

Glauben jene Eingebung, unter welcher sie sich befinden, und unterwerfen sich sklavisch allem, was die sie beherrschenden, selbst an nichts glaubenden Inspiratoren von ihnen fordern.

Und diese Inspiratoren fordern dasselbe, was alle Neros fordern, die bemüht sind, mit irgend etwas die Leere ihres Lebens auszufüllen: die Befriedigung ihrer unsinnigen, nach allen Seiten übergreifenden Prachtliebe. Prachtaufwand aber läßt sich durch nichts anderes erreichen, als durch Menschenunterjochung; sobald aber erst die Unterjochung besteht, vergrößert sich auch der Aufwand, und die Vergrößerung des Aufwandes zieht unwandelbar eine Verstärkung der Unterjochung nach sich, weil nur hungrige, frierende, von der Not gefesselte Menschen ihr ganzes Leben hindurch etwas thun können, was sie selbst nicht brauchen, sondern was nur zum Zeitvertreib ihrer Gebieter dient.

IX.

Im sechsten Kapitel der Genesis befindet sich eine gedankentiefe Stelle, wo der Verfasser der Bibel sagt: als Gott vor der Sintflut sah, daß jener von ihm ausgegangene Geist, welchen er den Menschenkindern gab, um Ihm zu dienen, von den Menschen nur gebraucht wurde, um ihrem Fleische zu dienen, da wurde er so erzürnt über die Menschen, daß er bereute, sie geschaffen zu haben; und er beschloß, bevor er die Menschen ganz vertilge, ihre Lebensdauer auf 120 Jahre abzukürzen. Und ganz das nämliche, weswegen nach den Worten der Bibel Gott zürnte und das Leben der Menschen verkürzte, geschah auch jetzt mit den Menschen unserer christlichen Welt.

Die Vernunft ist diejenige Kraft im Menschen, welche seine Beziehung zum Weltall bestimmt; da aber die Beziehung aller Menschen zum All ein und dieselbe ist, so vereinigt die Feststellung dieser Beziehung, d. h. die Religion, die Menschen unter einander. Und die Vereinigung der Menschen giebt ihnen das höchste leibliche und geistige Gut, welches für sie erreichbar ist.

Eine vollkommene Vereinigung – in vollkommener höchster Vernunft, und darum ein vollkommenes Wohl – ist das Ideal, nach welchem die Menschheit strebt; aber jegliche Religion, welche dem Menschen einer gewissen Gesellschaft auf seine Frage: was ist die Welt und was sind die Menschen in dieser Welt – eine Antwort giebt, vereinigt die Menschen unter sich und nähert sie darum der Verwirklichung jenes Gutes. Wenn dagegen die Vernunft von der ihr eigentümlichen Thätigkeit – der Feststellung einer Beziehung zu Gott und eines dieser Beziehung gemäßen Thuns – abweicht, wenn sie sich nicht nur auf den Fleischesdienst richtet und auch nicht nur auf einen erbitterten Kampf mit Menschen und anderen Geschöpfen, sondern auch darauf, dieses schlechte, der Eigentümlichkeit und der Bestimmung des Menschen widersprechende Leben zu rechtfertigen: dann geht eben daraus jenes entsetzliche Elend hervor, unter dem jetzt die Mehrzahl der Menschen leidet, und ein derartiger Zustand, daß eine Rückkehr zum vernünftigen und guten Leben sich als fast unmöglich darstellt. Die Heiden, welche unter einander durch die allergröbste religiöse Lehre vereinigt sind, stehen der Erkenntnis der Wahrheit bedeutend näher, als die vermeintlich christlichen Völker unserer Zeit, die ohne jegliche Religion leben, und in deren Mitte die vorgeschrittensten Leute davon überzeugt sind und andere davon überzeugen, daß Religion nicht notwendig sei, und daß man weit besser ohne alle Religion lebe.

Unter den Heiden können sich Menschen finden, welche die mangelnde Übereinstimmung zwischen ihrem Glauben und ihren erweiterten Kenntnissen und den Anfragen ihrer Vernunft einsehen, und welche dann eine religiöse Lehre ausarbeiten oder sich aneignen, die dem seelischen Zustande des Volkes mehr gemäß ist, und in der sich dann ihre Landsleute und Glaubensgenossen vereinigen. Aber die Menschen unserer Welt, – von denen die einen auf die Religion als ein Werkzeug zur Menschenbeherrschung blicken, die andern die Religion für eine Dummheit halten, und die dritten, die ganze ungeheure Mehrheit des Volkes, unter dem Einfluß eines groben Betruges vermeinen, die wahre Religion zu besitzen, – sie werde unempfänglich für jegliche Vorwärtsbewegung und jede Annäherung an die Wahrheit.

Stolz auf ihre für das körperliche Leben nötigen Vervollkommnungen und ihre verfeinerten, müßigen Vernünfteleien, welche zum Ziele haben, nicht nur ihre Rechtlichkeit, sondern auch ihr Überragen aller Völker in allen Jahrhunderten der Geschichte zu beweisen:

verharren sie in ihrer Unwissenheit und Unsittlichkeit und sind fest davon überzeugt, daß sie auf einer solchen Höhe stehen, wie sie die Menschheit früher noch niemals erreichte, und daß jeder ihrer Schritte vorwärts auf diesem Wege der Unwissenheit und Unsittlichkeit sie auf eine noch größere Höhe der Aufklärung und des Fortschritts heben wird.

X.

Es gehört zu den Eigenschaften des Menschen, zwischen seinen körperlich-vegetativen und seinen seelisch-vernünftigen Thätigkeiten einen Einklang herzustellen. Der Mensch kann nicht ruhig sein, so lange er nicht auf diese oder jene Weise jenen Einklang herstellt. Dieser Einklang aber wird durch zwei Hilfsmittel zustande gebracht. Das eine ist – daß der Mensch durch seine Vernunft die Notwendigkeit oder Zweckmäßigkeit einer gewissen Handlung oder gewisser Handlungen einsieht und daraufhin der Entscheidung seiner Vernunft entsprechend handelt; und das zweite Hilfsmittel ist – daß der Mensch seine Handlungen unter dem Einflüsse des Gefühls begeht und darauf erst eine Erklärung oder Rechtfertigung derselben ersinnt.

Das erste Hilfsmittel, die Handlungen mit der Vernunft in Übereinstimmung zu bringen, ist den Menschen eigen, welche irgend eine Religion bekennen und aus deren Grundsatzungen wissen, welche Handlung ihnen ziemt und welche ihnen nicht ziemt zu thun. Die zweite Methode ist vorzugsweise irreligiösen Menschen eigen, welche keine allgemeinen Grundregeln für die Wertschätzung ihrer Handlungen haben, und welche darum nie einen Einklang zwischen ihrer Vernunft und ihren Handlungen durch die Unterwerfung ihrer Handlungen unter die Vernunft herstellen, sondern dadurch, daß sie später erst die Vernunft zur Rechtfertigung ihrer Handlungen gebrauchen, nachdem sie diese Handlungen auf Grund ihrer Gefühlsneigungen vollzogen haben.

Der religiöse Mensch, der weiß, was in seinem Thun und im Thun anderer Leute gut oder schlecht ist, und warum das eine gut, das andere aber schlecht ist, wird, wenn er auch einen Widerspruch zwischen den Forderungen seiner Vernunft und seinen oder anderer Leute Handlungen bemerkt, doch alle Kräfte seiner Vernunft dazu gebrauchen, um ein Mittel zu finden, diesen Widerspruch aufzuheben; d. h. er wird die allerbeste Methode erforschen, um seine Handlungen mit den Forderungen seiner Vernunft in Einklang zu bringen. Der irreligiöse Mensch dagegen, der keinen Leitfaden für die Wertschätzung seiner Handlungen, unabhängig von deren Annehmlichkeit, hat, giebt sich dem Triebe seiner Gefühle, der mannigfaltigsten und oft entgegengesetztesten, hin und verfällt dabei unwillkürlich in Widersprüche; ist er dann in Widersprüche verfallen, bemüht er sich, dieselben zu lösen oder zu verhehlen durch mehr oder minder komplizierte und geklügelte, immer aber falsche Erwägungen. Und darum sind die Erwägungen religiöser Menschen immer einfach, ungekünstelt und wahrhaft, während die Gedankenthätigkeit der irreligiösen Menschen besonders spitzfindig, sehr kompliziert und lügenhaft wird.

Ich nehme das allergewöhnlichste Beispiel. Ein Mann ist der Sittenlosigkeit ergeben, d. h. er ist nicht keusch, er ist seiner Frau untreu oder, wenn er unverheiratet, der Ausschweifung ergeben. Wenn er ein religiöser Mann ist, so weiß er, daß dies schlecht ist, und die ganze Thätigkeit seiner Vernunft wird darauf gerichtet sein, ein Mittel zu finden, um sich von seinem Laster zu befreien: keinen Verkehr mit Wüstlingen und Dirnen zu haben; seine Arbeit zu vermehren; ein ernstes Leben sich zu erbauen; sich nicht zu erlauben, auf Weiber als Gegenstände der Begier zu blicken u.s.w. Und alles dieses ist sehr einfach und für alle verständlich. Wenn aber der sittenlose Mann nicht religiös ist, so wird er sogleich alle möglichen Erklärungen ersinnen, warum es ganz gut sei, die Frauen zu lieben. Und hier beginnen alle möglichen Arten der kompliziertesten und schlauesten, spitzfindigsten Klügeleien von Seelenvermischung, von Schönheit, von der Freiheit der Liebe u.s.w., welche, je weiter sie sich verbreiten, um so mehr die Sache in Dunkel zu hüllen und das verbergen, was nötig ist.

Ganz das nämliche geschieht bei den nicht religiösen Menschen auf allen Gebieten des Thuns und Denkens. Zum Zwecke des Versteckens innerlicher Widersprüche beginnen zusammengesetzte, spitzfindige Erwägungen, welche den Verstand mit allen möglichen unnötigen Ungereimtheiten erfüllen und so die Aufmerksamkeit der Menschen von dem Wichtigen und Wesentlichen ablenken und ihnen die Möglichkeit geben, in jener Lüge zu verharren, worin die Menschen unserer Welt, ohne sie zu bemerken, leben.

„Die Menschen fanden mehr Gefallen an der Finsternis als am Lichte, weil ihre Thaten böse waren", ist im Evangelium gesagt. „Denn jeglicher, der Böses thut, haßt das Licht und geht nicht nach dem Lichte, auf daß seine Thaten nicht offenbar würden, weil sie böse sind."

Und darum haben die Menschen unserer Welt als Folge des Mangels an Religion sich selber das härteste, tierischste, sittenloseste Leben erschaffen, und haben eine komplizierte, spitzfindige, müßige Gedankenthätigkeit, welche das Böse dieses Lebens verhüllt, bis zu einer solchen Stufe der Verwickelung und Verwirrung gebracht, daß die Mehrzahl der Leute völlig die Fähigkeit verloren hat, den Unterschied zwischen gut und böse, zwischen Lüge und Wahrheit zu sehen.

Für Menschen unserer Welt giebt es keine einzige Frage, an welche sie schlicht und einfach herantreten könnten: alle Fragen – ökonomische, innere und äußere Fragen der Regierung, politische, diplomatische, wissenschaftliche, schon nicht zu reden von philosophischen und religiösen Fragen – sind so künstlich inkorrekt aufgestellt, und darum mit einem so dichten Schleiertuch von komplizierten, unnötigen Erwägungen, von spitzfindigen Begriffs- und Wortverdrehungen, von Sophismen und Streitigkeiten umstrickt: daß alle Erwägungen solcher Fragen sich auf einer Stelle im Kreise drehen, ohne etwas zu erfassen und, wie ein Rad ohne den treibenden Transmissionsriemen, zu garnichts führen, außer jenem einzigen Ziel, zu dessen Zweck sie auftauchen: dazu, vor sich selber und vor den Menschen das Böse zu verbergen, worin sie leben und das sie begehen.

XI.

Auf allen Gebieten der sogenannten Wissenschaft unserer Zeit ist ein und derselbe Zug bemerkbar, der alle Anstrengungen des Menschenverstandes, welcher sich auf die Untersuchung verschiedener Wissensgebiete lenkt, unnütz macht. Dieser Zug besteht darin, daß alle Untersuchungen der Wissenschaft unserer Zeit die wesentliche Frage umgehen, auf welche eine Antwort gefordert wird, und nebensächliche Umstände untersuchen, deren Erforschung zu nichts führt und nur um so verwickelter wird, je weiter man sie fortsetzt. Es kann auch nicht anders sein bei einer Wissenschaft, welche die Gegenstände ihrer Forschung zufällig auswählt und nicht nach den Forderungen einer religiösen Weltanschauung, die bestimmt, was und warum etwas erforscht werden muß, und welches früher und welches später. So z. B. sollte es scheinen, daß in der jetzt modernen Frage der Sociologie oder der politischen Oekonomie nur die eine Frage besteht: warum und weshalb die einen Menschen nichts thun, die andern aber für sie arbeiten. (Wenn es noch eine andere Frage giebt, die darin besteht, weshalb die Leute einzeln arbeiten und so einander hindern und nicht zusammen in Gemeinschaft, was vorteilhafter wäre, so ist diese Frage in der ersten eingeschlossen: giebt es keine Ungleichheit – so giebt es auch keinen Kampf.) Es sollte scheinen, daß es nur diese eine Frage gebe; aber die Wissenschaft denkt nicht daran, sie aufzustellen und sie zu beantworten, sondern führt ihre Erwägungen nicht weit aus und führt sie so, daß in keinem Falle ihre Schlüsse die Grundfrage endgültig entscheiden, noch zu ihrer Entscheidung beitragen können. Es beginnen Abhandlungen darüber, was war und was ist, und dies Gewesene und Gegenwärtige wird wie etwas so Unwandelbares betrachtet, wie der Lauf der himmlischen Gestirne, und abstrakte Begriffe über Wert, Kapital, Gewinn, Prozente werden ersonnen – und es zeigt sich das zusammengesetzte, schon hundert Jahre fortdauernde Spiel des Geistes der Menschen, die unter einander im Streite liegen. Eigentlich aber wird diese Frage sehr leicht und einfach gelöst. Ihre Lösung liegt darin: da alle Menschen Brüder und unter einander gleich sind, so muß ein Jeder mit dem Andern so verfahren, wie er wünscht, daß man mit ihm verfahre; und darum liegt die ganze Sache in der Zerstörung des lügenhaften, religiösen Gesetzes und in der Aufstellung des wahren. Aber die vorgeschrittenen Männer der christlichen Welt nehmen nicht nur diese Lösung nicht an, sondern bemühen sich im Gegenteil, vor den Menschen die Möglichkeit einer solchen Lösung zu verhehlen, und ergeben sich darum jener müßigen Klügelei, welche sie Wissenschaft nennen.

Dasselbe geht aus juridischem Gebiete vor sich. Es sollte scheinen, die eine wesentliche Frage bestehe darin, warum es Leute giebt, welche sich erlauben, anderen Menschen gegenüber Gewaltthätigkeiten zu begehen, sie auszuplündern, sie einzusperren, sie hinzurichten, sie in den Krieg zu schicken und vieles andere. Die Lösung dieser Frage ist sehr einfach, wenn man sie von dem einzigen, dieser Frage gegenüber geziemenden Gesichtspunkt – dem religiösen – aus betrachtet. Vom religiösen Gesichtspunkte aus kann und darf der Mensch Gewaltthätigkeiten an seinem Nächsten nicht begehen, und darum ist für die Lösung der Frage nur eins nötig: jeden Aberglauben und alle Sophismen zu zerstören, welche die Gewaltthätigkeiten befürworten und den Menschen klar die religiösen Grundsätze beizubringen, welche die Möglichkeit von Gewaltthätigkeiten ausschließen.

Aber die vorgeschrittenen Männer thun dies nicht, sondern sie gebrauchen vielmehr die ganze Schlauheit ihres Geistes dazu, um vor den Menschen die Möglichkeit und Notwendigkeit dieser Lösung zu verhehlen. Sie schreiben Berge von Büchern über verschiedene Rechte – bürgerliches, Kriminal-, polizeiliches, kirchliches, Finanzrecht u. dergl. mehr, und verbreiten sich und streiten über diese Themata, vollkommen überzeugt davon, daß sie nicht nur eine nützliche, sondern sogar eine sehr wichtige That verrichten. Aber die Frage darüber, warum unter Menschen, die ihrem Wesen nach gleich sind, die Einen die Andern richten können, verurteilen können, berauben können, hinrichten können: diese Frage wird nicht nur nicht beantwortet, man erkennt nicht einmal ihre Existenz an. Aus ihrer Lehre geht hervor, daß diese Gewaltthätigkeiten nicht von Menschen begangen werden, sondern von irgend etwas Abstraktem, welches Regierung heißt.

Ganz in derselben Weise umgehen und verschweigen die gelehrten Männer unserer Zeit andere wesentliche Fragen und verhüllen die inneren Widersprüche auf allen Gebieten des Wissens. In der historischen Wissenschaft ist die wesentliche Frage eine: wie lebte die Arbeiterbevölkerung, d. h. neunhundertneunundneunzig Tausendstel der ganzen Menschheit? Und auf diese Frage giebt es nicht einmal annähernd eine Antwort; diese Frage existiert nicht; aber Berge von Büchern werden von den Historikern der einen Richtung darüber geschrieben, wie der Leib Ludwig XI. weh that; was für Abscheulichkeiten die englische Elisabeth und Iwan IV. vollbrachten;

und wer Minister war, und welche Literatoren Verse und Komödien schrieben zum Ergötzen dieser Könige, ihrer Maitressen und ihrer Minister. Die Historiker der andern Richtung dagegen schreiben darüber, wie die Ortslage war, wo die Völker lebten, wovon sie sich nährten, und womit sie Handel trieben, und was für Kleider sie trugen; überhaupt alles, was keinen Einfluß auf das Leben des Volkes haben konnte, sondern nur eine Folge seiner Religion war, während aber von den Historikern dieser Kategorie die Religion als eine Folge der Nahrung und Kleider angesehen wird, die jene Völker hatten.

Inzwischen aber kann die Antwort auf die Frage, wie früher die Arbeiterbevölkerung lebte, nur durch die Anerkennung der Religion als notwendiger Lebensbedingung eines Volkes gegeben werden, und darum liegt die Antwort – in dem Studium jener Religionen, welche von den Völkern bekannt wurden und die Völker in jene Stellung brachten, in der sie sich befanden.

In den naturhistorischen Wissenschaften, sollte es scheinen, wäre keine besondere Veranlassung, den gesunden Verstand der Leute zu verdunkeln. Aber auch hier, gemäß jenem Gedankenzusammenhang, welchen die Wissenschaft unserer Zeit sich angeeignet hat, werden statt der natürlichsten Antworten auf die Fragen, was die Welt der Lebewesen, der Pflanzen und Tiere sei, und wie man sie einteilt, – müßige, undeutliche und völlig nutzlose Plaudereien vorgebracht, welche sich vorzugsweise gegen die biblische Geschichte von Erschaffung der Welt richten; man streitet, wie die Organismen entstanden, was eigentlich für niemand nötig, noch möglich zu wissen ist, weil diese Entstehung, wenn wir sie auch noch so aufklären, für uns doch immer in der Endlosigkeit von Zeit und Raum verhüllt bleiben wird. Und über diese Themata werden Theorien und Entgegnungen und Ergänzungen zu den Theorien ausgesonnen, welche Millionen Bücher bilden, und aus welchen der eine unerwartete Schluß gezogen wird: das Gesetz des Lebens, dem der Mensch sich unterwerfen müsse, sei der Kampf ums Dasein.

Damit nicht genug, weichen auch die angewandten Wissenschaften, wie die Technologie, die Medizin, infolge des Mangels eines leitenden, religiösen Prinzips unwillkürlich von ihrer vernünftigen Bedeutung ab und erhalten eine falsche Richtung. So ist die ganze Technologie nicht darauf gerichtet, die Arbeitsmühe des Volkes zu erleichtern, sondern sie ist auf Vervollkommnungen gerichtet, die nur den begüterten Klassen nötig sind, und dadurch trennt sie noch mehr die Reichen von den Armen, die Herren von den Knechten. Wenn selbst Vorteile von diesen Erfindungen und Vervollkommnungen, Brosamen davon, auch den Volksmassen zu gute kommen, so geschieht dies durchaus nicht, weil sie von vorne herein für das Volk bestimmt sind, sondern nur deshalb, weil sie ihrer Eigenschaft nach dem Volke nicht vorenthalten werden können.

Das Gleiche ist bei der ärztlichen Wissenschaft der Fall, die in ihrer falschen Richtung so weit gegangen ist, daß sie nur für die reichen Klassen erreichbar ist; die Masse des Volkes aber kann nach seiner Lebensweise und Armut, durch die Geringschätzung der Hauptfragen über Lebensverbesserung der Armen, die medizinische Wissenschaft nur in solchem Maße und unter solchen Bedingungen benutzen, daß diese Hilfe nur um so deutlicher die Abweichung der ärztlichen Wissenschaft von ihrer Grundbedeutung darthut.

Am erstaunlichsten zeigt sich diese Abweichung von fundamentalen Fragen und die Entstellung derselben – in dem, was in unserer Zeit Philosophie genannt wird. Es sollte scheinen, daß es nur eine Frage giebt, welche der Entscheidung durch die Philosophie unterliegt: was soll ich thun? Und wenn es auch auf diese Frage in der Philosophie der christlichen Völker nur in Verbindung mit dem allergrößten, unnötigen Wirrwarr Antworten gab, wie bei Spinoza, Kant in seiner „Kritik der praktischen Vernunft", bei Schopenhauer und ganz besonders bei Rousseau, so hat es doch trotzdem diese Antworten gegeben. Aber in der letzten Zeit, von der Epoche Hegels ab, der alles Bestehende vernünftig nannte, weicht die Frage: „was soll ich thun?" in den Hintergrund zurück; die ganze Aufmerksamkeit der Philosophie wendet sich auf die Erforschung dessen, was ist und die Anpassung desselben an eine schon vorher aufgestellte Theorie. Dies ist die erste abwärts führende Stufe. Die zweite Stufe, welche den menschlichen Gedanken noch weiter abwärts führt, ist diese – die Anerkennung des Kampfes ums Dasein als ein Grundgesetz, und zwar nur aus dem Grunde, weil man diesen Kampf bei den Tieren und Pflanzen beobachten kann. Nach dieser Theorie wird erklärt, daß der Untergang der Schwächsten ein Gesetz ist, dem man sich nicht zu widersetzen braucht. Endlich beginnt die dritte Stufe, in welcher die knabenhafte Originalitäts-Hascherei des halb wahnsinnigen Nietzsche, welche nicht einmal irgend etwas Ganzes und Zusammenhängendes vorführt – irgend welche Skizzen von unsittlichen und durch nichts begründeten Gedanken – von vorgeschrittenen Männern als letztes Wort der philosophischen Wissenschaft anerkannt wird. Als Antwort auf die Frage: „was soll ich thun?" sagt man bereits geradezu: seinem Vergnügen leben, ohne auf das Leben der anderen Menschen Aufmerksamkeit zu verwenden.

Wenn noch irgend jemand an jener furchtbaren Verdummung und Vertierung zweifelt, bis zu welcher in unserer Zeit die christliche Menschheit gesunken ist, – nicht zu sprechen von den letzten Verbrechen gegen Buren und Chinesen, Verbrechen, die von der Geistlichkeit verteidigt und von allen Mächtigen der Erde für Heldenthaten erkannt werden – so könnte schon allein der ungewöhnliche Erfolg der Schriften Nietzsches als unumstößlicher Beweis für oben Gesagtes dienen. Es erscheinen unzusammenhängende, in der banalsten Weise nach Effekt haschende Schriften eines von Größenwahn besessenen, kühnen, aber beschränkten und unnormalen Deutschen. Diese Schriften haben weder durch Talent, noch durch Gründlichkeit irgend ein Recht auf die Aufmerksamkeit des Publikums. Diese Schriften würden nicht nur zur Zeit von Kant, von Leibniz, von Hume, sondern auch noch weiter zurück keine Aufmerksamkeit erweckt haben; ja, sie hätten nicht einmal erscheinen können. In unserer Zeit dagegen beschäftigt sich die ganze, sogenannte gebildete Menschheit mit den Fieberphantasien von Herrn Nietzsche, bestreitet und zergliedert sie, und seine Werke werden in allen Sprachen in einer zahllosen Menge von Exemplaren gedruckt.

Turgenjew sagte scharfsinnig, daß es wiederkehrende Gemeinplätze giebt, welche oft von unbegabten Leuten, die aber Aufmerksamkeit auf sich zu lenken wünschen, gebraucht werden. Alle wissen z. B., daß Wasser naß ist, und plötzlich sagt ein Mann mit ernster Miene, daß das Wasser trocken sei – nicht etwa das Eis, sondern das Wasser sei trocken, – und wenn eine solche Behauptung mit dem gehörigen Nachdruck gesagt wird, so lenkt sie die Aufmerksamkeit auf sich.

Ganz ebenso weiß die gesamte Welt, daß die Tugend in der Unterdrückung der Leidenschaften, in der Selbstverleugnung besteht. Dies weiß nicht allein das Christentum, mit welchem Nietzsche ausschließlich kämpft; sondern dies ist auch ein ewiges, höchstes

Gesetz, zu welchem die ganze Menschheit im Brahmaismus, im Buddhismus, in der Religion des Confucius, in der alt-persischen Religion emporgewachsen ist. Und plötzlich erscheint ein Mann, welcher verkündet: er habe sich überzeugt, daß die Selbstverleugnung, die Sanftmut, die Demut, die Liebe – alles Laster seien, welche an der Menschheit schwärten; (er hat hierbei das Christentum im Auge und vergißt dabei alle anderen Religionen). Es ist begreiflich, daß eine derartige Behauptung in der ersten Zeit stutzig macht. Aber wenn man ein wenig darüber nachdenkt und in dem Buche selbst keine Beweise für diese sonderbare Satzung findet, so sollte jeder vernünftige Mensch ein solches Buch zur Seite schieben und sich darüber wundern, daß es in unserer Zeit nicht eine Dummheit giebt, welche nicht ihren Verleger findet. Aber mit den Büchern Nietzsches verhält es sich nicht so. Die Mehrzahl der vermeintlich aufgeklärten Leute analysieren ernsthaft die Theorie vom Übermenschentum, erkennen ihren Autor als einen großen Philosophen und als einen Nachfolger von Descartes, Leibniz und Kant an.

Doch all dieses geht daraus hervor, daß für die Mehrzahl der vermeintlich aufgeklärten Leute unserer Zeit die Erinnerung an die Tugend unangenehm ist, als die Erinnerung an ihre Grundbasis – die Selbstverleugnung und Liebe, welche ihr tierisches Leben belästigen und verurteilen; – und angenehm ist es jenen Leuten, in irgend welcher Form, sei es auch unvernünftig und unzusammenhängend ausgedrückt, jener Lehre zu begegnen, jener Lehre des Egoismus und der Härte und der Behauptung eigenen Glückes und eigener Größe auf dem Leben anderer Menschen, durch welches sie leben.

XII.

Christus machte den Pharisäern und Schriftgelehrten zum Vorwurf, daß sie die Schlüssel zum Himmelreich an sich nähmen und weder selber dort eingingen, noch andere dort einließen.

Ganz dasselbe vollbringen jetzt die weisen Schriftgelehrten unserer Zeit: diese Leute nahmen in unserer Zeit die Schlüssel, – nicht des Himmelreiches – aber der Aufklärung und treten selber dort nicht ein und lassen auch andere nicht eintreten. Die Priester, die

Geistlichkeit haben mittels jeglicher Art von Täuschung und Hypnose den Leuten beigebracht, daß das Christentum nicht eine Lehre sei, welche die Gleichheit aller Menschen predigt und darum die ganze jetzige heidnische Lebensordnung aushebt, sondern daß es im Gegenteil diese Ordnung aufrecht erhält; daß es vorschreibt, die Menschen zu unterscheiden, wie Sterne von einander unterschieden werden; daß es vorschreibt, anzuerkennen, daß alle Gewalt von Gott komme und man sich derselben widerspruchslos zu unterwerfen habe. Erwähnte Geistlichkeit suggeriert überhaupt den unterdrückten Menschen, daß diese ihre Lage von Gott komme, und daß sie dieselbe mit Sanftmut und Demut tragen und den Bedrückern sich unterwerfen müßten, welche nicht nur nicht sanftmütig und demütig zu sein brauchen, sondern andere verbessern, lehren, strafen sollen, wie die Kaiser, Könige, Päpste, Bischöfe und alle andern Träger weltlicher und geistlicher Gewalt, und in Glanz und Üppigkeit leben sollen, was die ihnen Untergebenen ihnen zu verschaffen haben. Die leitenden Klassen dagegen herrschen dank dieser lügenhaften Lehre, welche sie verstärkt aufrecht erhalten, über das Volk, indem sie es zwingen, ihrem Müßiggang, ihrer Üppigkeit und ihren Lastern zu dienen. Und unterdessen handeln die einzigen Menschen, welche sich von der Hypnose befreit haben – die Gelehrten – welche allein das Volk von seiner Bedrückung erlösen könnten, und welche dies angeblich auch wollen: unterdessen handeln sie, anstatt alles zur Erreichung dieses Zieles zu thun, in vollkommen entgegengesetzter Weise und bilden sich ein, daß sie so dem Volke dienen.

Es sollte scheinen, daß diese Männer schon bei der oberflächlichsten Beobachtung dessen, was die Unterdrücker des Volkes am meisten besorgt macht, verstehen könnten, wodurch die Völker in gewissen Lagen zurückgehalten und wodurch sie befördert werden. Und es sollte scheinen, daß diese Männer alle ihre Kräfte auf jene bewegende Macht lenken sollten; aber nicht allein thun sie dies nicht, sondern sie halten es auch für völlig nutzlos. Jedoch diese Männer scheinen dies nicht sehen zu wollen und vollbringen eifrig, sehr aufrichtig für das Volk die mannigfaltigsten Thaten, nur nicht jene einzige That, welche dem Volke am allernötigsten wäre; ihre Thätigkeit gleicht der Thätigkeit eines Menschen, welcher sich mit aller Anstrengung seiner Muskeln bemühte, einen Eisenbahnzug vorwärts zu schieben, während er nur auf den Tender zu steigen und zu thun braucht, was er den Maschinisten beständig thun sieht: die Handhabe bewegen, welche den Dampf in den Kolben treibt. Dieser Dampf – ist die religiöse Weltanschauung der Menschen; und man braucht nur darauf zu achten, mit welcher Eifersucht alle Machthaber diese bewegende Kraft beschützen, durch die sie über das Volk herrschen, um zu begreifen, worauf man seine Anstrengungen zur Befreiung des Volkes aus seinem Knechttum zu richten habe.

Was verteidigt der türkische Sultan, und um was wird am meisten gekämpft? Und warum geht der russische Kaiser, wenn er in eine Stadt kommt, zu allererst, sich vor den Reliquien oder Heiligenbildern zu neigen? Und warum spricht der deutsche Kaiser trotz alles sich auf ihn niedersenkenden Kulturglanzes in allen seinen Reden, wo es paßt und wo es nicht paßt, von Gott, von Christus, von der Heiligkeit der Religion, des Eides u.s.w.? Darum, weil sie alle wissen, daß ihre Macht auf dem Heere beruht, das Heer aber, die Möglichkeit einer Existenz des Heeres, nur auf der Religion beruht. Und wenn reiche Leute ganz besonders gottselig sind, sich gläubig stellen, in die Kirche gehen und den Feiertag heiligen: so thun sie all dies vorzugsweise darum, weil ihnen der Instinkt der Selbsterhaltung zuflüstert, daß mit der Religion, welche sie predigen, ihre vorteilhafte Ausnahmestellung in der Gesellschaft verknüpft ist.

Alle diese Leute wissen oft nicht, auf welche Weise ihre Macht durch die religiöse Täuschung aufrechterhalten wird; aber sie wissen aus dem Gefühl der Selbsterhaltung heraus, wo ihr schwacher Punkt ist – jener Punkt, auf welchem sich ihre Stellung erhält – und sie verteidigen vor allem diesen Punkt. Diese Leute lassen und ließen immer in gewissen Grenzen eine sozialistische, sogar eine revolutionäre Propaganda zu; aber die religiösen Fundamente erlauben sie niemals anzurühren.

Und darum, wenn die vorgeschrittenen Männer unserer Zeit – die Gelehrten, die Liberalen, die Sozialisten, die Revolutionäre, die Anarchisten – nicht aus der Geschichte und aus der Psychologie verstehen können, wodurch das Volk vorwärts gebracht wird, so könnten sie sich durch diesen Anschauungsunterricht davon überzeugen, daß ihre bewegende Kraft nicht in materiellen Bedingungen besteht, sondern nur in der Religion.

Aber es ist verwunderlich: die gelehrten, vorgeschrittenen Menschen unserer Zeit, welche die Lebensbedingungen des Volkes sehr fein analysieren und verstehen, sehen das nicht, was durch seine Augenscheinlichkeit ins Auge fällt. Wenn Menschen, die so handeln, mit Vorbedacht das Volk in seiner religiösen Unwissenheit erhalten, um ihre vorteilhafte Stellung inmitten der Minorität zu bewahren, so ist dies ein entsetzlich abstoßender Betrug. Derartige Menschen sind die gleichen Heuchler, welche mehr als alle andern Menschen, ja, welche sogar allein von allen andern Menschen Christus verurteilt hat, und darum verurteilt hat, weil keine Ungeheuer und keine Bösewichte so viel Böses ins Leben der Menschheit hineintrugen und hineintragen.

Wenn aber jene Menschen aufrichtig sind, so ist die einzige Erklärung dieser sonderbaren Verdunkelung nur die, daß die Massen sich dermaßen unter der Suggestion einer lügenhaften Religion befinden, daß auch diese vermeintlich aufgeklärten Menschen unserer Zeit sich unter dem Einfluß einer lügenhaften Wissenschaft befinden, welche entscheidet: jener Hauptnerv, durch welchen die Menschheit immer lebte und lebt, sei ihr schon nicht mehr nötig und könne durch irgend etwas anderes ersetzt werden.

XIII.

In dieser Verirrung oder in dieser Arglist der Schriftgelehrten – der gebildeten Menschen unserer Welt – liegt eine Absonderlichkeit unserer Zeit und darin liegt die Ursache jenes jammervollen Zustandes, worin die christliche Menschheit lebt und jener Vertierung, in die sie mehr und mehr versinkt.

Gewöhnlich behaupten die vorgeschrittenen gebildeten Menschen unserer Welt, daß jene lügenhaften Glaubenslehren, welche von den Massen bekannt werden, keine besondere Wichtigkeit besitzen, und daß es nicht lohne und nicht notwendig sei, geradezu gegen sie zu kämpfen, wie dies früher Hume, Voltaire, Rousseau und andere gethan haben. Die Wissenschaft, d. h. die losgelösten, zufälligen Kenntnisse, die durch jene Männer im Volk verbreitet werden, erreicht nach ihrer Meinung von selber jenes Ziel, nämlich: wenn der Mensch erfährt, wieviel Millionen Meilen es von der Erde bis zur Sonne sind, und welche Metalle sich auf der Sonne und den Sternen befinden, werde er aufhören, an die Kirchensatzungen zu glauben.

In dieser aufrichtigen oder nicht aufrichtigen Behauptung oder Voraussetzung ist entweder ein großer Irrtum, oder eine fürchterliche Hinterlist. Vom ersten Kindesalter an, welches am meisten empfänglich für Eingebungen ist; gerade dann, wenn der Erzieher nicht achtsam genug sein kann, was er dem Kinde beibringt: gerade dann werden demselben die mit der Vernunft und dem Wissen unvereinbaren, abgeschmackten und unsittlichen Dogmen der sogenannten christlichen Religion eingeflößt. Man lehrt das Kind das mit der gesunden Vernunft nicht zu vereinbarende Dogma der Dreieinigkeit; ferner das Herabsteigen eines von diesen drei Göttern auf die Erde behufs Erlösung des Menschengeschlechtes, seine Auferstehung und seine Auffahrt gen Himmel; man lehrt die Erwartung einer zweiten Wiederkunft und die Bestrafung mit ewigen Qualen für den Unglauben hinsichtlich all dieser Dogmen; man lehrt uns, um das für uns Nötige beten und noch viel anderes. Und wenn all diese Satzungen, die weder mit der Vernunft, noch mit den gleichzeitigen Kenntnissen, noch mit dem menschlichen Gewissen in Einklang zu bringen sind, sich unauslöschbar dem empfänglichen Kinderverstand eingeprägt haben, dann läßt man es allein und überläßt es ihm, so gut wie es versteht, jene Widersprüche zu zergliedern, welche aus den von ihm angenommenen und als unzweifelhafte Wahrheit angeeigneten Dogmen entspringen. Niemand spricht mit ihm darüber, wie es diese Widersprüche versöhnen könne und solle. Wenn dagegen die Theologen es versuchen, jene Widersprüche auszugleichen, so verwickeln diese Versuche die Sache nur noch mehr. Und nach und nach gewöhnt sich der Mensch daran, (worin ihn die Theologen dringlich bestärken), daß man der Vernunft nicht glauben dürfe, und daß darum auf der Welt alles möglich sei, und daß im Menschen selbst nichts sei, mit dessen Hilfe er selber das Gute vom Bösen und die Lüge von der Wahrheit unterscheiden könne; daß er in dem für ihn Wichtigsten – in seinen Handlungen – sich nicht von seiner Vernunft leiten lassen dürfe, sondern von dem, was ihm andere Leute sagen. Es ist begreiflich, welche furchtbare Entstellung in der geistigen Welt des Menschen eine solche Erziehung hervorbringen muß, die dann auch im reiferen Alter mit allen Mitteln der Suggestion aufrecht erhalten wird, die beständig mit Hilfe der Geistlichkeit auf das Volk ausgeübt wird.

Wenn auch ein starkgeistiger Mensch unter großen Mühen und Leiden sich von jener Hypnose befreit, in welcher man ihn während seiner Kindheit erzog und während seines reiferen Alters erhalten hat, so kann doch jene Schädigung seiner Seele, wodurch ihm das Mißtrauen gegen seine Vernunft eingeflößt ward, nicht spurlos vorübergehen, so wie in der physischen Welt die Vergiftung des Organismus durch irgend ein starkes Gift nicht spurlos vorübergehen kann. Befreit von der Hypnose der Täuschung, wird ein solcher Mensch jene Lüge hassen, von welcher er sich eben erst befreit hat, und wird sich naturgemäß jene Lehre der vorgeschrittenen Männer aneignen, nach welcher jegliche Religion für eins der hauptsächlichsten Hindernisse der Vorwärtsbewegung der Menschheit auf dem Wege des Fortschrittes gehalten wird. Aber indem er sich diese Lehre aneignet, wird dieser Mensch, so wie auch seine Lehrer, zu jenem prinziplosen, d. h. gewissenlosen Menschen, welcher im Leben nur von seinen Begierden sich leiten läßt, und nicht nur sich selber nicht dafür verurteilt, sondern sich aus diesem Grunde auf dem höchsten für den Menschen erreichbaren Punkte geistiger Entwickelung glaubt.

So wird es der Fall sein mit den starkgeistigsten Menschen. Weniger Starke werden, obgleich sie bis zum Zweifel erwachen, sich doch niemals vollkommen von jener Täuschung befreien, in welcher sie erzogen wurden; sie werden sich verschiedenen, schlau erdichteten, nebelhaften Theorien anschließen, welche die Ungereimtheit der von ihnen angenommenen Dogmen rechtfertigen sollen; und indem sie solche Nebel, Sophismen und Selbsttäuschungen erdenken und dabei im Gebiet des Zweifels verbleiben, werden sie nur zur Bethörung der Massen beitragen und einer Erweckung derselben entgegenwirken.

Die Mehrzahl der Menschen dagegen, welche weder die Kraft, noch die Möglichkeit haben, gegen die Suggestion anzukämpfen, die auf sie ausgeübt wird, werden in ganzen Geschlechtern leben und sterben, so wie sie jetzt leben: beraubt des höchsten Gutes des Menschen – einer wahren, religiösen Lebensauffassung – und werden immer nur ein gehorsames Werkzeug für die herrschenden und sie betrügenden Klassen bilden.

Und hinsichtlich dieses entsetzlichen Betruges sagen die vorgeschrittenen gelehrten Männer, daß er nicht wichtig sei und daß es nicht lohne, offen gegen ihn anzukämpfen. Die einzige Erklärung solcher Behauptung, wenn die dies Behauptenden aufrichtig sind, ist die, daß sie selber sich unter der Hypnose einer lügenhaften Wissenschaft befinden; sind sie nicht aufrichtig, so liegt die Erklärung darin, daß ein Angriff auf den herrschenden Glauben nicht gewinnbringend und oft gefährlich ist. So oder so, in jedem Falle ist die Behauptung, daß das Bekenntnis einer lügenhaften Religion unschädlich oder wenigstens nicht wichtig sei und daß man deshalb Aufklärung verbreiten könne, ohne die religiöse Täuschung zu zerstören – vollkommen unrichtig.

Die Erlösung der Menschheit aus ihrem Elend liegt nur in der Befreiung derselben von jener Hypnose, in welcher sie die Priester erhalten, sowie von derjenigen, in welche sie die Gelehrten führen. Um in ein Gefäß etwas hineinzugießen, muß man es vorher von seinem Inhalte befreit haben. Ebenso unumgänglich nötig ist es, die Menschen von jener Täuschung zu befreien, in welcher man sie erhält, damit sie sich die wahrhafte Religion aneignen können, d. h. die richtige der Entwickelung der Menschheit entsprechende Beziehung zum Uranfang von allem, – zu Gott, und die aus jener Beziehung entspringende Richtschnur unseres Thuns.

XIV.

„Aber giebt es denn eine wahre Religion? Alle Religionen sind endlos verschieden, und wir haben nicht das Recht, eine nur deshalb als richtige zu bezeichnen, weil sie mit unserem Geschmack besser harmoniert." So werden die Leute sagen, welche die Religion nach ihren äußeren Formen betrachten, so wie eine gewisse Krankheit, von welcher sie sich selber frei fühlen, aber an welcher noch die übrigen Menschen leiden. Doch dies ist nicht wahr: die Religionen sind nach ihren äußeren Formen verschieden, aber sie sind alle gleich in ihren fundamentalen Elementen. Und eben diese fundamentalen Elemente aller Religionen bilden gerade jene wahre Religion, welche allein in unserer Zeit allen Menschen angeboren, und deren Aneignung allein die Menschen von ihrem Elend retten kann.

Die Menschheit lebt schon lange, und wie sie ihre praktischen Erwerbungen dem Erbfolgerecht gemäß ausgearbeitet hat, so konnte sie auch nicht umhin, jene geistigen Anfangsgründe, welche die Basis ihres Lebens bilden, und die daraus entstehenden Führungsprinzipien auszuarbeiten. Daß verblendete Menschen dies nicht sehen, das ist kein Beweis dafür, daß sie nicht existieren. Solch eine, allen Menschen unserer Zeit gemeinsame Religion, – nicht irgend eine besondere Religion mit all ihren Eigentümlichkeiten und Entstellungen, sondern eine Religion, die aus denjenigen religiösen Satzungen besteht, welche die gleichen bei allen verbreiteten und von uns gekannten, von mehr als neun Zehnteln des Menschengeschlechtes bekannten Religionen sind, – solch eine Religion existiert und die Menschen sind nur deshalb noch nicht endgiltig vertiert, weil die besten Männer aller Völker, wenn auch unbewußt, sich doch an jene Religion halten und sie bekennen. Und nur die Täuschungs-Suggestion, welche mit Hilfe der Priester und Gelehrten an den Menschen vorgenommen wird, hindert dieselben, jene Religion bewußt anzunehmen.

Die Satzungen dieser wahren Religion sind dem Menschen so stark angeboren, daß, sowie sie nur den Leuten mitgeteilt werden, sie auch von denselben wie etwas lang Bekanntes und Selbstverständliches angenommen werden. Für uns ist diese wahre Religion das Christentum in denjenigen seiner Satzungen, in welchen es nicht mit äußerlichen Formen, wohl aber mit den fundamentalen Regeln des Brahmaismus und der Lehre des Confucius, des Taoismus, des Judentums, des Buddhismus und sogar des Mohammedanismus übereinstimmt. Ebenso wird auch für die Bekenner des Brahmaismus, der Confuciuslehre und der andern die wahre Religion die sein, deren Grundgesetze mit den Grundgesetzen aller andern großen Religionen übereinstimmen. Und diese Gesetze sind sehr einfach, verständlich und wenig verwickelt.

Diese Satzungen bestehen darin, daß es einen Gott giebt, der der Urquell von allem ist; daß im Menschen ein Teilchen dieses göttlichen Urquells lebt, welches er in sich selbst durch sein Leben verringern oder vergrößern kann; daß zur Vergrößerung dieses Urquell-Anteils der Mensch seine Leidenschaften ersticken und die Liebe in sich vergrößern muß; und daß das praktische Mittel, um dies zu erreichen, darin besteht, mit andern so zu verfahren, wie du willst, daß man mit dir verfahre. Alle diese Satzungen haben sowohl der Brahmaismus, als das Judentum, die Confuciuslehre und der Taoismus, der Buddhismus und das Christentum und der Mohammedanismus gemeinsam. (Wenn der Buddhismus auch keine Definierung Gottes giebt, so erkennt er trotzdem dasjenige an, womit der Mensch verschmilzt und worin er aufgeht, wenn er das Nirvana erreicht. So ist also dasjenige, womit der Mensch sich vereinigt, wenn er sich ins Nirvana versenkt, eben der Urquell, den das Judentum, Christentum und der Mohammedanismus als Gott anerkennen.)

„Aber dies ist nicht Religion", werden die Leute unserer Zeit sagen, die gewöhnt sind, das Übernatürliche, d. h. das Unsinnige, als Hauptmerkmal einer Religion anzunehmen; „das, was Sie wollen, ist alles: Philosophie, Ethik und Betrachtungen, aber keine Religion." Die Religion soll nach ihrer Meinung ungereimt und unbegreiflich sein (*credo quia absurdum*). Indessen aber haben sich nur aus diesen selben Satzungen oder richtiger, infolge des Predigens dieser Satzungen als einer religiösen Lehre, mittels eines langen Prozesses der Entstellung alle jene Ungereimtheiten herausgearbeitet, all die Wunder und übernatürlichen Ereignisse, welche als Grundmerkmale jeglicher Religion angesehen werden. Zu behaupten, die Übernatürlichkeit und Vernunftlosigkeit bildeten die Grundeigenschaften der Religion, wäre ganz dasselbe, wie wenn wir nur faule Äpfel betrachten und dann behaupten, daß eine welke Bitterkeit und ein schädlicher Einfluß auf den Magen die Grundeigenschaften der Frucht sind, welche Apfel heißt.

Religion ist: die Erklärung der Beziehungen des Menschen zum Urquell alles Seienden und die aus dieser Stellung entspringende Bestimmung des Menschen und, aus dieser Bestimmung hervorgehend, die Richtschnur der Lebensführung. Und die allgemeine Religion, deren Grundsatzungen ein und dieselben in allen Konfessionen sind, befriedigt diese Forderungen in vollem Maße. Sie erklärt die Beziehung des Menschen zu Gott als eines Teils zum Ganzen; aus dieser Beziehung geht die Bestimmung des Menschen hervor, welche in dem Wunsche nach göttlicher Eigenschaft in sich selber besteht; aus der Bestimmung des Menschen aber entquillt die praktische Lebensregel: thue andern, wie du willst, daß man dir selber thue.

Oft zweifeln Menschen daran, und ich selber habe eine Zeitlang bezweifelt, ob eine so abstrakte Regel wie die: „Thue andern, wie du willst, daß man dir thue" als ebenso verpflichtende Lebensregel und Richtschnur unseres Handelns dienen könne, wie die einfacheren religiösen Gesetze – Fasten, Beten, das Abendmahl nehmen, und dergleichen mehr. Aber auf diesen Zweifel erhalten wir durch den seelischen Zustand des ersten besten russischen Bauers eine unwiderlegbare Antwort: er würde eher den Tod erleiden, als die empfangene Hostie auf den Mist speien, während er auf Menschengebot bereit ist, seine Brüder zu morden.

Warum könnten nun nicht Forderungen, die aus obiger Regel „thue andern, wie du willst, als man dir thue" entspringen, als da sind: seine Brüder nicht töten, nicht schmähen, nicht ehebrechen, nicht Rache üben, die Not des Bruders nicht zur Befriedigung der eigenen Launen mißbrauchen, und viele andere – warum könnten diese Forderungen nicht mit ebensolcher Kraft in die Seele geprägt und ebenso verpflichtend und unverletzlich für die Menschen werden, wie der Glaube an die Heiligkeit der Hostie, der Heiligenbilder u.s.w. – ein Glaube, der mehr auf das Vertrauen auf andere gegründet ist, als auf ein klares inneres Bewußtsein?

XV.

Die Wahrheiten der allen Menschen gemeinsamen Religion unserer Zeit sind so einfach, leicht verständlich und dem Herzen jedes Menschen nahe, daß es scheinen sollte: die Eltern, Herrscher und Lehrer brauchten bloß an Stelle der abgelebten und ungereimten Lehren von Dreieinigkeiten, Gottesgebärerinnen, Erlösungen, Indras, Trimûrtis und zum Himmel emporfliegenden Buddhas und Muhammeds, an welche sie oftmals selber nicht glauben, den Kindern und Erwachsenen jene einfachen, klaren Wahrheiten der allen Menschen gemeinsamen Religion einzuflößen, deren metaphysische Wesenheit darin besteht, daß im Menschen der Geist Gottes lebt, und deren praktische Maxime darin besteht, daß der Mensch mit seinem Nächsten so verfahre, wie er will, daß man mit ihm verfahre – und das ganze menschliche Leben würde sich von selbst verändern. Wenn nur auch dann, so wie man jetzt den Kindern den Glauben daran beibringt und ihn den Großen bestätigt, daß Gott seinen Sohn entsandte, um die Sünde Adams loszukaufen, und seine Kirche gegründet habe, welcher man sich unterwerfen müsse; und die daraus entspringende Lebensregel, daß man an solchen Orten und zu solchen Zeiten beten müsse und Opfer darbringen müsse, und zu gewissen Zeiten sich von gewisser Nahrung enthalten müsse und an gewissen Tagen von der Arbeit enthalten, – wenn auch nur dann beigebracht und bekräftigt würde, daß Gott ein Geist ist, dessen Offenbarung in uns lebt, und dessen Kraft wir durch unser Leben vergrößern können. Wenn auch nur dann dieses und all das eingeflößt würde, was von selbst aus diesen Grundelementen entspringt, ebenso wie jetzt alle unnötigen Erzählungen von unmöglichen Ereignissen und die aus diesen Erzählungen entspringenden Regeln sinnloser Ceremonieen eingeflößt werden – und wenn dann, statt des unvernünftigen Kampfes und der Isolierung recht bald ohne Hilfe von Diplomaten, internationalem Rechte und Friedenskongressen und Oekonom-Politikern und Spezialisten aller Unterabteilungen, durch eine friedliche, einstimmige, führende, einzige Religion ein glückliches Leben der Menschheit anbräche.

Aber nichts Ähnliches geschieht: die Täuschung der lügenhaften Religion wird nicht zerstört, und die wahre nicht gepredigt; im Gegenteil, die Menschen entfernen sich immer mehr und mehr, immer weiter und weiter von der Möglichkeit, die Wahrheit in sich aufzunehmen.

Der Hauptgrund, weshalb die Menschen dies nicht thun, was doch so natürlich, so nötig und so möglich ist, besteht darin, daß die Menschen unserer Zeit infolge eines langen, religionslosen Lebens sich so gewöhnt haben, ihre Lebensweise mit Gewaltthätigkeiten, Bajonetten, Kugeln, Gefängnissen und Galgen einzurichten und zu sichern, daß ihnen eine solche Lebensführung nicht nur normal, sondern eine andere auch nicht als möglich erscheint. Nicht genug damit, daß so alle diejenigen denken, für welche die bestehende Ordnung der Dinge vorteilhaft ist; aber auch die, welche dadurch leiden, sind durch die auf sie ausgeübte Suggestion so verdummt, daß sie ebenfalls die Gewaltthätigkeit für das einzige Mittel einer guten Ordnung in der menschlichen Gesellschaft halten. Inzwischen aber entfernt eben diese Einrichtung und Sicherung der gesellschaftlichen Lebensweise durch Gewaltthätigkeit die Menschen am meisten von einem Verständnis der Ursachen ihrer Leiden und darum auch von der Möglichkeit einer wahrhaften, guten Ordnung.

Vollkommen ähnlich würde ein schlechter oder böswilliger Arzt handeln, welcher einen bösartigen Ausschlag nach innen treiben würde, dadurch nicht nur den Kranken betrügend, sondern auch die Krankheit selbst verstärkend, so daß ihre Heilung eine Unmöglichkeit wird.

Den herrschenden Klassen, welche die Massen unterjochen, und welche denken und sagen: *„après nous le déluge"*[7], scheinen die Armeen, die Geistlichkeit, die Soldaten und die Polizei ein sehr bequemes Mittel zu sein; und die Drohung mit Bajonetten, Kugeln, Kerkern, Arbeitshäusern und Galgen zwingt die Unterjochten, in ihrer Verdummung und Knechtschaft weiter zu leben und die Herrschenden nicht darin zu stören, ihre Lage auszunutzen. Und die Herrschenden thun das auch und nennen eine solche Lage der Dinge die gute Ordnung; indessen aber hindert nichts so eine wahrhafte, gesellschaftliche gute Ordnung als eben dies. In Wirklichkeit ist eine solche Ordnung nicht die gute Ordnung, sondern eine Ordnung des Bösen.

Wenn die Menschen unserer Gesellschaft mit den Überresten jener religiösen Grundprinzipien, wie sie trotz alledem in den Massen leben, nicht beständig vor sich Verbrechen ausgeübt sähen und gerade durch die, welche die Verpflichtung auf sich genommen haben, auf Ordnung und Sittlichkeit im Leben der Menschen zu achten – Kriege, Hinrichtungen, Einkerkerungen, Steuern, Verkauf von Branntwein und Opium: so würden sie nie daran denken, aus sich heraus jene bösen Thaten zu thun, die Betrügereien, die Gewaltthätigkeiten, die Morde, welche sie jetzt in der vollkommenen Überzeugung vollbringen, daß diese Thaten gut und den Menschen eigen sind.

Das Gesetz des menschlichen Lebens ist derart, daß eine Verbesserung desselben sowohl für den einzelnen Menschen, als auch für die menschliche Gesellschaft nur durch eine innere, sittliche Vervollkommnung möglich ist. Alle menschlichen Bemühungen dagegen, ihr Leben durch äußere, gegenseitig ausgeübte Gewaltthätigkeiten zu verbessern, dienen nur als die wirksamste Predigt und das

---

[7] [nach uns die Sintflut]

Beispiel des Bösen; und darum können sie das Leben nicht verbessern, sondern vergrößern im Gegenteil das Übel, welches wie ein Schneeball immer mehr und mehr wächst und die Menschen immer mehr und mehr von der einzigen Möglichkeit einer wahrhaften Verbesserung ihres Lebens entfernt.

In dem Maße, wie die Gewohnheit der Gewaltthätigkeiten und Verbrechen, welche unter dem Anschein des Gesetzes durch die Wächter der Ordnung und Sittlichkeit selber vollzogen werden, häufiger und häufiger, grausamer und grausamer wird, und immer mehr und mehr durch die Suggestion der Lüge, welche für Religion ausgegeben wird, ihre Rechtfertigung findet: in dem Maße werden die Menschen immer mehr und mehr in dem Gedanken bestärkt, daß ihr Lebensgesetz nicht in der Liebe und dem Dienst für einander bestehe, sondern im Kampfe und gegenseitigen Sich-Verzehren.

Und je mehr sie in diesem Gedanken, der sie auf eine tierische Stufe erniedrigt, bestärkt werden, um so schwerer können sie sich aus jener Hypnose ermuntern, in welcher sie sich befinden, und als Lebensprinzip die wahre, der ganzen Menschheit gemeinsame Religion unserer Zeit annehmen.

So wird ein *circulus viciosus* ausgestellt: der Wegfall der Religion macht ein tierisches Leben zur Möglichkeit, das sich auf Gewaltthätigkeiten gründet; das tierische, auf Gewaltthätigkeiten gegründete Leben macht die Befreiung von der Hypnose und die Aneignung einer wahrhaften Religion unmöglich. Und darum thun die Menschen das nicht, was natürlich, möglich und unumgänglich nötig in unserer Zeit wäre: sie zerstören die Täuschung des Abbildes der Religion nicht, und eignen sich die wahre Religion nicht an und predigen sie nicht.

XVI.

Ist ein Ausgang aus diesem magischen Kreise möglich, und worin besteht derselbe?

Anfangs hat man die Vorstellung: die Menschen aus diesem Kreise herauszuführen, gezieme den Regierungen, welche die Verpflichtung auf sich genommen haben, das Leben der Völker zu deren Wohl zu leiten. So haben immer die Männer gedacht, welche versuchten, die auf Gewaltthätigkeiten gegründete Lebensordnung mit einer vernünftigen und auf gegenseitige Dienstleistungen und Liebe gegründeten Lebenseinrichtung zu vertauschen. So haben auch die christlichen Reformatoren gedacht und gleichfalls die Gründer der verschiedenen Theorien des europäischen Kommunismus; ebenso dachte auch der berühmte chinesische Reformator Miti, welcher der Regierung vorschlug, zum Wohl des Volkes die Kinder in den Schulen nicht Kriegswissenschaften und Kriegsübungen zu lehren, und den Erwachsenen nicht für kriegerische Heldenthaten Belohnungen zu erteilen; sondern die Kinder und die Erwachsenen die Regeln der Achtung und Liebe zu lehren und für Heldenthaten der Liebe Belohnungen und Aufmunterungen zu erteilen. So dachten und denken auch viele russische religiöse Reformatoren aus dem Volke, von denen ich viele kannte und auch jetzt noch kenne, angefangen mit Sjutajew und endigend mit einem Greis, welcher schon fünfmal dem Kaiser eine Bittschrift eingereicht hat, daß er befehlen möge, die Lügenreligion für nichtig zu erklären und wahres Christentum zu predigen. Natürlicherweise scheint es dem Menschen, daß die Regierungen, die ihre Existenz mit den Sorgen um das Wohl der Völker rechtfertigen, zur Sicherung dieses Wohles wünschen sollten, jenes einzige Mittel zu gebrauchen, das in keinem Falle für das Volk schädlich sein, sondern nur die fruchtbringendsten Folgen herbeiführen kann. Aber die Regierungen nahmen niemals und nirgends diese Verpflichtung auf sich, – im Gegenteil, sie haben immer und überall mit allergrößter Eifersucht die bestehende, fälschliche und abgelebte Religionslehre verteidigt und mit allen Mitteln diejenigen verfolgt, welche versuchten, dem Volke die Grundregeln der wahren Religion mitzuteilen. Eigentlich kann dies nicht anders sein; wenn die Regierungen die Lüge der bestehenden Religion beweisen und die wahre predigen wollten, so würde es dasselbe bedeuten, wie wenn ein Mensch den Ast abhackt, auf welchem er sitzt.

Aber wenn die Regierungen dies nicht thun, so sollte es scheinen, daß dies jene gelehrten Männer vollbringen müßten, welche, befreit von dem Truge lügenhafter Religion, angeblich wünschen, dem Volke zu dienen, welches sie erzog. Aber diese Männer vollbringen dies ebensowenig wie die Regierung; erstens, weil sie es nicht für zweckmäßig halten, sich den Unannehmlichkeiten und Gefahren einer Regierungsverfolgung für Aufdeckung eines von der Religion verteidigten Betruges auszusetzen, welcher nach ihrer Überzeugung von selbst vernichtet werden wird; zweitens, weil sie jegliche Religion für einen überlebten Irrtum halten und nichts besitzen, was sie dem Volke an Stelle jener Täuschung bieten könnten, welche sie zerstört haben würden.

So bleiben also jene großen Massen von Ungebildeten, welche sich unter der Hypnose des kirchlichen und Regierungstruges befinden und darum glauben, daß jenes Abbild der Religion, welches ihnen suggeriert wurde, die einzige wahre Religion sei; daß eine andere überhaupt nicht vorhanden sei und nicht vorhanden sein könne. Diese Massen befinden sich unter dem beständig verstärkten Einfluß der Hypnose; Geschlechter nach Geschlechtern werden geboren, leben und sterben in jenem verdummten Zustand, in welchem sie von Geistlichkeit und Regierung erhalten werden; und selbst wenn sie sich daraus frei machen, so verfallen sie unvermeidlich der Schule der Religionverneinenden Gelehrten, und ihr Einfluß wird ebenso nutzlos und schädlich, wie es der Einfluß ihrer Lehrer ist.

So ist es denn für die Einen nicht vorteilhaft, für die Andern nicht möglich!

XVII.

Einen Ausweg scheint es also nicht zu geben. Und wirklich giebt es für nicht religiöse Menschen aus dieser Lage keinen Ausweg und kann keinen geben: Männer, welche den höheren, leitenden Klassen angehören, werden sich vielleicht anstellen, als seien sie um das

Wohl der Volksmassen bekümmert; aber sie werden niemals ernsthaft (sie können es auch nicht, da sie von weltlichen Zwecken geleitet werden) jene Verdummung und Unterjochung vernichten, in welcher die Massen leben, und welche ihnen die Möglichkeit giebt, über diese zu herrschen.

Ebenso können auch die zu den Unterjochten Gehörenden, von weltlichen Zielen geleitet, nicht wünschen, ihre ohnedies schon schwere Lage durch einen Kampf mit den höheren Klassen wegen Aufdeckung der lügenhaften Lehre und des Predigens der wahren noch zu verschlechtern. Weder diese, noch jene haben Ursache, es zu thun, und wenn sie kluge Menschen sind, – so werden sie es auch niemals beginnen.

Anders ist es jedoch mit religiösen Menschen, jenen religiösen Menschen, welche immer, wie verderbt die Gesellschaft auch sei, ihr Leben lang das heilige Feuer der Religion hüten, ohne welches ein menschliches Leben nicht existieren kann. Es giebt Zeiten (unsere Zeit ist eine solche), wo diese Menschen nicht sichtbar werden; wo sie, von allen verachtet und gedemütigt, unbekannt ihr Leben verbringen, wie bei uns – in der Verbannung, in den Kerkern, in den Strafbataillonen – aber sie sind da, und durch sie erhält sich ein vernünftiges menschliches Leben. Und eben diese religiösen Menschen, wie wenig ihrer auch seien, können und werden allein jenen magischen Kreis zerreißen, in welchem die Menschen gefesselt sind. Nur diese können es; denn alle jene Nachteile und Gefahren, welche den weltlichen Menschen verhindern, gegen die bestehende Lebensordnung vorzugehen, existieren nicht nur nicht für den religiösen Menschen, sondern verstärken noch seinen Kampfeseifer gegen die Lüge und seinen Eifer, mit Wort und That das zu predigen, was er für göttliche Wahrheit hält. Wenn er zu den herrschenden Klassen gehört, so wird er die Wahrheit um der Vorteile seiner Stellung wegen nicht verhehlen wollen; er wird im Gegenteil diese Vorteile hassen und alle Kräfte seiner Seele darauf verwenden, sich von den Fesseln dieser Vorteile frei zu machen und die Wahrheit zu predigen; so daß sein Leben bereits kein anderes Ziel, als Gott zu dienen, mehr kennen wird. Wenn er dagegen zu den Unterjochten gehört, so wird ein solcher Mensch ganz ebenso dem gemeinsamen, von allen Gleichgestellten geteilten Wunsche entsagen, die Bedingungen seines leiblichen Lebens zu verbessern; solch ein Mensch wird kein anderes

Ziel haben, als die Erfüllung des göttlichen Willens durch die Enthüllung der Lüge und das Predigen der Wahrheit; und keine Leiden und Drohungen werden ihn dann zwingen, eine Lebensweise aufzugeben, welche dem einzigen Gedanken, welchen er in seinem Leben anerkennt, entspricht. Und der eine, wie der andere wird ebenso natürlich so verfahren, wie der weltliche Mensch sich abmüht, wenn er Entbehrungen behufs des Erwerbes von Reichtümern erträgt, oder um einem jener Machthaber gefällig zu sein, von welchem er Vorteile für sich erhofft. Jeder religiöse Mensch handelt so, weil die durch die Religion erleuchtete Seele des Menschen schon nicht nur einzig das Leben dieser Welt lebt, wie dies die Irreligiösen thun; sondern sie lebt ein ewiges, endloses Leben, für welches Leiden und Tod in diesem Leben ebenso nichtig sind, wie für den Arbeiter, der ein Feld beackert, die Schwielen auf den Händen und die Ermüdung der Glieder.

Und dies sind die Menschen, welche den verzauberten Kreis zerreißen werden, in dem jetzt die Menschen gefesselt sind. Wie klein auch immer ihre Zahl, wie niedrig auch immer ihre gesellschaftliche Stellung, wie schwach sie auch immer an Bildung oder Verstand: diese Menschen werden, so wahr, wie das Feuer die trockene Steppe entzündet, die ganze Welt entzünden, alle die durch das lange religionslose Leben ausgetrockneten Herzen der Menschen, die nach Verjüngung dürsten.

Religion ist nicht der ein für alle Mal festgestellte Glaube an irgend welche übernatürliche Ereignisse, die sich irgend einmal vollzogen haben sollen, und liegt nicht in der Notwendigkeit gewisser Gebete und Ceremonien; sie ist auch nicht, wie dies die Gelehrten denken, ein Überbleibsel von Aberglauben des unwissenden Altertums, der in unserer Zeit keine Bedeutung und keine Anwendung im Leben habe; Religion ist die der Vernunft und dem gleichzeitigen Wissen entsprechende Beziehung des Menschen zum äußeren Leben, zu Gott, welche allein die Menschheit vorwärts zu dem ihr vorbestimmten Ziele bewegt.

„Die menschliche Seele ist eine Leuchte Gottes", sagt ein weiser hebräischer Sinnspruch. Der Mensch ist ein schwaches, unglückliches Tier, bis zu jenem Zeitpunkt, wo in seiner Seele das Licht Gottes aufflammt. Wenn aber dieses Licht sich entzündet (und es entzündet sich nur in einer von der Religion erleuchteten Seele), so wird der Mensch zum allgewaltigsten Geschöpf der Welt. Und dies kann nicht anders sein, weil dann in ihm schon nicht mehr seine eigene Kraft, sondern Gotteskraft waltet.

Dies also ist's, was Religion bedeutet, und darin besteht ihr Wesen.

ÜBER GEWISSENSFREIHEIT

(O veroterpimosti, 1901)

Leo N. Tolstoi

Übersetzt
von Raphael Löwenfeld

In Rußland giebt es Missionäre, deren Pflichten darin bestehen, alle Nicht-Orthodoxen zum orthodoxen Glauben zu bekehren.

Am Ende des Jahres 1901 fand in der Stadt Orel ein Kongreß solcher Missionäre statt, und am Schluß dieses Kongresses hielt der Adelsmarschall des Gouvernements, Herr Stachowitsch, eine Rede, in der er bei dem Kongreß den Antrag stellte, die unbeschränkte Gewissensfreiheit anzuerkennen; er verstand unter diesem Wort, wie er sich ausdrückte, nicht nur die Freiheit des Glaubens, sondern auch die Freiheit des Bekennens, die auch die Freiheit des Abfalls von dem orthodoxen Glauben in sich schließt, ja sogar der Bekehrung zu Bekenntnissen, die mit der Orthodoxie nicht übereinstimmen. Herr Stachowitsch war der Ansicht, eine solche Freiheit könnte dem Triumph und der Ausbreitung der Orthodoxie, als deren gläubigen Anhänger er sich bekannte, nur förderlich sein.

Die Mitglieder des Kongresses stimmten dem Vorschlage des Herrn Stachowitsch nicht zu und stellten ihn gar nicht zur Diskussion. Später aber entwickelte sich ein lebhafter Meinungsaustausch und ein Streit darüber, ob die christliche Kirche Toleranz zu üben habe oder nicht: die einen – die Mehrzahl der Rechtgläubigen, Geistliche wie Laien – sprachen sich in Zeitungen und Zeitschriften gegen die Toleranz aus und erklärten aus diesen oder jenen Gründen die Einstellung der Verfolgungen abtrünniger Glieder der Kirche für unmöglich; andere aber – die Minderheit – stimmten Stachowitschs Meinung zu, zollten ihr Beifall und suchten zu beweisen, es sei für die Kirche selber erwünscht, ja, sogar notwendig, daß sie die Freiheit des Gewissens anerkenne.

Die Gegner des Antrags des Herrn Stachowitsch meinten, die Kirche, die den Menschen die ewige Seligkeit gebe, müsse durchaus alle Mittel, über die sie verfügt, anwenden, um ihre irrenden Glieder vor der ewigen Verdammnis zu schützen, und eines dieser Mittel seien die von der Staatsgewalt errichteten Schranken gegen den Abfall von der wahren Kirche und der Irreleitung ihrer Mitglieder. Vor allem aber, meinten sie, weiß die Kirche, die von Gott die Macht empfangen hat, zu binden und zu lösen, stets, was sie thut, wenn sie Gewalt braucht gegen ihre Feinde.

Die Anschauungen von Laien über die Berechtigung oder Nicht-Berechtigung ihrer Maßregeln beweisen nur die Verirrungen der Laien, die sich erkühnen über Handlungen der unfehlbaren Kirche zu urteilen.

So sprachen und sprechen die Gegner der Toleranz.

Ihre Anhänger aber behaupten, es sei ungerecht, mit Gewalt dem Bekenntnis eines Glaubens entgegenzutreten, der von dem orthodoxen abweicht, und die von den Gegnern der Toleranz beliebte Unterscheidung von Glauben und äußerem Bekennen habe keinen Sinn, da jeglicher Glaube unbedingt durch äußere Handlungen in die Erscheinung trete.

Außerdem, sagten sie, könne der wahren Kirche, deren Haupt Christus sei, und die die Verheißung besitze, daß niemand seiner Kirche obsiegen werde, keinerlei Gefahr daher drohen, daß eine kleine Zahl von Ketzern oder Abtrünnigen eine Lüge lehrt, und das umsoweniger, als die Verfolgungen ihr Ziel verfehlen, weil das Märtyrertum die sittliche Autorität der verfolgenden Kirche nur schwächt und die Kraft der Verfolgten vergrößert.

Die Anhänger der Toleranz sagen, die Kirche dürfe in keinem Falle Gewalt gebrauchen gegen solche Glieder, die anders denken als sie, und gegen Anhänger anderer Glaubensbekenntnisse. Die Kirche darf keine Gewalt gebrauchen! Unwillkürlich entsteht da die Frage: Wie kann die Kirche Gewalt gebrauchen?

Die christliche Kirche ist nach der Begriffsbestimmung, die sie selbst von sich giebt, *eine von Gott eingesetzte Vereinigung von Menschen, deren Zweck es ist, den Menschen den wahren Glauben zu überliefern, der sie in dieser und in jener Welt erlöst.*

Auf welche Weise aber kann eine solche Vereinigung von Menschen, deren Werkzeug die Gnade und die Predigt ist, Gewalt fordern und selbst üben gegen Menschen, die ihre Glaubensanschauungen nicht annehmen wollen?

Der Kirche anzuraten, daß sie Menschen, die von ihr abfallen, oder die ihre Mitglieder bekehren, nicht verfolge, heißt soviel, wie einer Akademie von Gelehrten raten, keine Verfolgungen, Strafen, Verbannungen und dergleichen ins Werk zu setzen gegen Menschen, die mit ihren Ansichten nicht übereinstimmen. Eine Akademie von Gelehrten kann so etwas nicht wollen, und wenn sie es selbst wollte, ist sie nicht imstande, es zu thun, da sie keinerlei Mittel dazu besitzt. So steht es auch in der Kirche. Die christliche Kirche darf, nach ihrer eigenen Definition, Gewalt gegen solche, die ihr nicht anhangen, nicht gebrauchen wollen, und wenn sie es wollte, kann sie es nicht thun, da sie kein Mittel dazu besitzt.

Was also bedeuten die Verfolgungen, die die christlichen Kirchen von den Zeiten Constantins an geübt hat, die bis in unsere Zeit fortdauern und die abzustellen die Anhänger der Toleranz der Kirche anraten?

Herr Stachowitsch zitiert in seiner Rede Guizots Worte über die Notwendigkeit der Gewissensfreiheit für die christliche Religion und führt unmittelbar nach den schönen und klaren Worten Guizots die häßlichen und wirren Worte Aksakows an, der den Begriff *Kirche* dem·Begriffe der *christlichen Religion* unterschiebt, und dann, nach dieser Unterschiebung, den Versuch macht, die Möglichkeit und Notwendigkeit der Toleranz für die christliche Kirche zu beweisen. Aber christliche Religion und christliche Kirche sind nicht dasselbe, und wir haben durchaus kein Recht anzunehmen, daß das, was zum Wesen der christlichen Religion gehört, auch der christlichen Kirche eigen sei.

Die christliche Religion ist jenes höhere Bewußtsein des Menschen von seinem Verhältnis zu Gott, zu dem die Menschheit in ihrem allmählichen Fortschreiten von einer niederen zu einer höheren Stufe religiöser Erkenntnis emporgestiegen ist. Daher können die christliche Religion und alle Menschen, die die wahre christliche Religion bekennen, nicht unduldsam sein, denn sie wissen, daß sie, dank dem ununterbrochenen Fortschreiten der Menschheit vom Dunkel zum Licht, zu einem bestimmten Grade von Klarheit und hoher religiöser Erkenntnis gelangt sind. Da sie sich im Besitze nur eines gewissen Grades der Wahrheit wissen, die sich immer mehr und mehr klärt und mehr und mehr wächst durch die vereinigten Bemühungen der ganzen Menschheit, können sie, wenn sie neuen Glaubensanschauungen begegnen, die mit den ihren nicht übereinstimmen, diese nicht verurteilen und bekämpfen; sie begrüßen sie vielmehr freudig, forschen ihnen nach, prüfen an ihnen von neuem ihre Glaubensanschauungen, stoßen ab, was mit der Vernunft unvereinbar ist, nehmen auf, was die von ihnen erkannte Wahrheit erhellt und vergrößert, und werden noch fester in dem, was allen Glaubensanschauungen gemeinsam ist.

Das gehört zum Wesen der christlichen Religion im allgemeinen, und so handeln Menschen, die das Christentum bekennen. Anders aber die Kirche. Die Kirche, die sich für die alleinige Hüterin der ganzen, göttlichen, ewigen, für alle Zeiten unwandelbaren, von Gott selber den Menschen offenbarten Wahrheit hält, muß jede religiöse Lehre, die von ihren Dogmen abweicht, als eine lügenhafte, schädliche, ja, sogar böswillige betrachten (wenn sie von solchen ausgeht, die die Lage der Kirche kennen) – für eine Lehre, die die Menschen ins ewige Verderben führt. Und so kann auch die Kirche nach ihrer eigenen Definition nicht duldsam sein und ist genötigt, gegen alle Bekenntnisse und gegen alle Bekenner von Glaubensanschauungen, die ihr widersprechen, alle die Mittel anzuwenden, die sie mit ihrer Lehre vereinigen zu können glaubt. Daher sind christliche Religion und christliche Kirche zwei völlig verschiedene Begriffe. Gewiß, jede Kirche behauptet, sie sei die einzige Vertreterin des Christentums, aber die christliche Religion, d. h. die Bekenner einer freien, christlichen Religion gestehen keineswegs zu, daß die Kirche die Vertreterin des Christentums sei. Die Bekenner der christlichen Religion könnten das auch gar nicht thun, da es doch viele Kirchen giebt, und jede einzelne sich für die Trägerin der vollen göttlichen Wahrheit hält.

Diese Vermischung zweier verschiedener Begriffe, die die Vertreter der Kirche immer wieder zu den verschiedensten Zwecken gebrauchen, bewirkt, daß die Erörterungen darüber, ob die Duldsamkeit für die Kirche erwünscht sei, alle daran leiden, daß sie unklar und schwülstig sind, daß sie nur halb sagen, was sie wollen, und daß sie infolgedessen jeder Überzeugungskraft ermangeln.

Solcherart sind bei uns in Rußland alle Betrachtungen über diesen Gegenstand, die unsere Chomjakow, Samarin, Aksakow u. a. angestellt haben, und denselben Fehler hat die Rede des Herrn Stachowitsch.

Alles nichts als leeres, ja sogar schädliches Gerede, Umnebelung der Sinne derer, die sich von den Fesseln des Betrugs freizumachen beginnen.

So kann denn die Antwort auf die Frage: Wie kann die Kirche, die sich selber als eine Gemeinschaft von Menschen bezeichnet, die das Ziel haben, die Wahrheit zu verkünden, und die keinerlei Werkzeuge der Gewalt hat und haben kann, trotzdem Gewalt anwenden gegen abweichende Glaubensanschauungen? – nur die eine sein: die Institution, die sich die christliche Kirche nennt, ist keine christliche Institution, sondern eine weltliche Institution, die mit dem Christentum nicht vereinbar ist, ja, im schärfsten Gegensätze zu ihm steht.

Als mir zum erstenmal dieser Gedanke gekommen war, traute ich ihm nicht; so tief ist uns allen von Jugend auf die Achtung vor der Heiligkeit der Kirche eingeflößt. Ich glaubte anfänglich, es sei paradox, es liege in einer solchen Definition der Kirche irgend ein Irrtum. Je mehr ich aber von allen Seiten diese Frage betrachtete, desto unzweifelhafter wurde es mir, daß die Definition der Kirche als einer nicht-christlichen, ja, dem Christentum feindlichen Institution eine vollständig zutreffende ist, die Definition, ohne die man sich all die Widersprüche, die mit der Wirksamkeit der Kirche in Vergangenheit und Gegenwart liegen, gar nicht erklären kann.

In der That: Was ist die Kirche? Die Anhänger der Kirche sagen: sie ist eine von Christus eingesetzte Gemeinschaft, der die ausschließliche Aufbewahrung und Verkündigung der unzweifelhaften göttlichen Wahrheit anvertraut ist, die durch die Herabkunft des heiligen Geistes auf die Mitglieder der Kirche bezeugt ist, und dieses Zeugnis des heiligen Geistes wird von Geschlecht zu Geschlecht überliefert durch die Handauflegung, die Christus eingesetzt hat.

Man prüfe aber nur aufmerksam die Beweise, mit denen dies begründet wird, und sogleich überzeugt man sich, daß alle diese Behauptungen vollkommen willkürliche sind. Die beiden Textstellen (der Schrift, die die Kirche die heilige nennt), auf denen die Beweise für die Einsetzung der Kirche durch Christus selber beruhen, haben eine ganz andere Bedeutung, als die, die man ihnen zuschreibt, und können ganz und gar nicht die Einsetzung der Kirche bedeuten, da ja der Begriff der Kirche zur Zeit, da das Evangelium niedergeschrieben wurde, geschweige denn zur Zeit Christi, gar nicht existiert hat. Der dritte Text aber, auf den man das ausschließliche Recht, die göttliche Wahrheit zu lehren, gründet, die Schlußsätze in Markus und

Matthäus, wird von allen Erforschern der heiligen Schrift als unterschobene [sic] anerkannt. Noch weniger kann bewiesen werden, daß die Herabkunft der feurigen Zungen, die auf die Häupter der Jünger herabgestiegen und nur von den Jüngern gesehen worden sind, bedeute, daß alles, was nicht nur die Jünger, sondern auch alle diejenigen, auf die die Jünger die Hand aufgelegt haben, sagen werden, von Gott, d. h. vom heiligen Geiste gesagt sei, und daß es darum immer unzweifelhafte Wahrheit sei.

Die Hauptsache aber ist: wenn das auch bewiesen werden könnte (was doch ganz unmöglich ist), so giebt es doch keine Möglichkeit, zu beweisen, daß diese Gabe der Unfehlbarkeit gerade in der Kirche lebe, die das von sich behauptet. Die größte und unüberwindliche Schwierigkeit liegt aber darin, daß die Kirche nicht eine ist, und daß jede Kirche von sich behauptet, sie allein sei in der Wahrheit und alle anderen in der Lüge. Und so hat die Behauptung jeder Kirche, daß sie allein in der Wahrheit sei, den gleichen Wert, wie die Behauptung jedes Menschen, der da sagt: „Bei Gott, ich habe Recht, und Unrecht haben alle, die nicht mit mir übereinstimmen."

„Bei Gott, wir allein bilden die wahre Kirche" – darin und nur darin bestehen alle Beweise für die Unfehlbarkeit jeder Kirche. Eine solche Grundlage, so schwankend und unhaltbar, hat auch noch den Fehler, daß sie jegliche Prüfung alles dessen ausschließt, was die Kirche, die sich für die unfehlbare hält, predigt, und ein unabsehbares Feld für allerlei haltlose Phantasien aufthut, die sich für Wahrheit ausgeben. Wenn sich aber unvernünftige und phantastische Behauptungen für Wahrheit ausgeben, so treten natürlich Menschen auf, die solchen Behauptungen widersprechen. Will man aber die Menschen zwingen, an unvernünftige und phantastische Behauptungen zu glauben, so giebt es nur ein Mittel – die Gewalt.

Das ganze Symbolum von Nicäa ist eine Sammlung unvernünftiger und phantastischer Behauptungen, die nur im Geiste von Menschen entstehen konnten, die sich für unfehlbar hielten, und nur durch Gewalt konnten sie verbreitet werden.

Gott Vater hat vor allem Zeitlichen Gottessohn geboren, von dem alles ausgegangen ist. Dieser Sohn war in die Welt gesandt, um die Menschen zu erlösen, und wurde dort wieder geboren von einer Jungfrau, er ward gekreuzigt und ist auferstanden und zum Himmel gefahren, und sitzt da zur Rechten des Vaters. Und am Ende der

Welt wird dieser Sohn kommen, zu richten die Lebenden und die Toten, – und all dies ist unzweifelhafte, von Gott selber offenbarte Wahrheit.

Können wir im zwanzigsten Jahrhundert alle diese, dem gesunden Menschenverstande und dem Menschenwissen widerstrebenden Dogmen nicht anerkennen, so fehlte auch zur Zeit des Konzils von Nicäa den Menschen der gesunde Verstand nicht, und auch sie konnten nicht all diesen sonderbaren Dogmen zustimmen und gaben ihrer abweichenden Meinung Ausdruck.

Die Kirche aber, die sich allein im Besitze der vollen Wahrheit glaubte, konnte das nicht dulden und wandte natürlich das Mittel an, das am schnellsten gegen diesen Widerspruch und seine Verbreitung wirken mußte – die Gewalt.

Die Kirche hat, im Verein mit dem Staat, stets Gewalt gebraucht – verschleierte, aber darum nicht minder bestimmte und wirksame Gewalt, sie hat von allen mit Gewalt Steuern eingetrieben, ohne zu fragen, ob sie mit der herrschenden Glaubensanschauung übereinstimmten oder nicht; wohl aber hat sie von ihnen verlangt, daß sie diesen Glauben bekennen.

Und hatte sie mit Gewalt das Geld eingetrieben, so begründete sie nun auf diesem Wege die kräftigste Hypnotisierungsmethode, um nur ihren Glauben unter Kindern und Erwachsenen zu befestigen. Fehlte es an diesem Mittel, so brauchte sie einfach die Gewalt der Machthaber. Darum kann in der Kirche, die von dem Staate erhalten wird, nicht die Rede sein von Duldsamkeit. Und das kann nicht anders werden, solange die Kirchen Kirchen sein werden.

Man wird sagen: Kirchen wie die der Quäker, der Methodisten, der Shaker, der Mormonen und ganz besonders jetzt der katholischen Kongregationen, sammeln ohne die Gewalt der Regierung Geld von ihren Mitgliedern. Sie gebrauchen daher, indem sie ihre Kirchen erhalten, keine Gewalt.

Das ist nicht richtig: die Gelder, die man von reichen Leuten gesammelt hat, ganz besonders durch die katholischen Kongregationen im Verlaufe von Jahrhunderten einer Hypnotisierung durch das Mittel des Geldes, sind nicht die freiwilligen Opfer von Mitgliedern einer Kirche, – – sondern das Ergebnis brutalster Gewalt. Geld sammelt man mit Hilfe der Gewalt, Geld ist stets ein Mittel der Gewalt. Damit die Kirche sich duldsam nennen könne, müßte sie frei sein von Geldeinflüssen. „Umsonst habt ihrs empfangen, umsonst gebt es auch."

In Wirklichkeit hat ja die Kirche keine Mittel der Gewalt. Wird Gewalt gebraucht, so wird sie nicht von der Kirche selbst gebraucht, sondern von der Staatsgewalt, mit der sie verbündet ist, und so taucht die Frage aus: Warum verbünden sich die Regierung und die herrschenden Klassen mit der Kirche und stützen sie? Man sollte meinen, die Glaubensanschauungen, die die Kirche predigt, sollten für die Regierungen und die herrschenden Klassen gleichgültig sein. Man sollte meinen, den Regierungen und den herrschenden Klassen sollte es vollkommen gleich sein, was die von ihnen beherrschten Völker glauben: ob sie Reformierte, Katholiken, Rechtgläubige oder Mohamedaner sind. Aber das ist nicht der Fall.

Zu allen Zeiten entsprechen die religiösen Anschauungen der gesellschaftlichen Ordnung, d. h. die Gesellschaftsordnung bildet sich den religiösen Anschauungen entsprechend. Wie die religiösen Anschauungen eines Volkes sind, so ist daher auch seine Gesellschaftsordnung. Das wissen die Regierungen und die herrschenden Klassen, und darum stützen sie stets die religiöse Lehre, die ihrer bevorzugten Stellung entspricht. Die Regierungen und die herrschenden Klassen wissen, daß die wahre christliche Religion die Macht, die aus der Gewalt begründet ist, verwirft, daß sie den Unterschied der Stände, die Anhäufung von Reichtümern, daß sie die Todesstrafe, den Krieg verwirft – daß sie all das verwirft, was der Regierung und den herrschenden Klassen ihre bevorzugte Stellung sichert, und darum betrachten sie es als eine Notwendigkeit, den Glauben zu stützen, der ihre Stellung rechtfertigt. Und das thut das durch die Kirchen entartete Christentum, es bietet den Vorteil, daß es nach der Zerstörung des wahren Christentums den Menschen den Zugang zu diesem verlegt.

Die Regierungen und die herrschenden Klassen könnten nicht existieren ohne diese Entartung des Christentums, das sich Kirchenglauben nennt. Die Kirche mit ihrer Lüge könnte nicht existieren, ohne die mittelbare oder unmittelbare Gewalt der Regierungen oder der herrschenden Klassen. In den einen Staaten tritt diese Gewalt in die Erscheinung in Verfolgungen, in den anderen durch die ausschließliche Begünstigung der besitzenden Klassen, die über den Reichtum verfügen. Den Besitz des Reichtums aber sichert nur die

Gewalt. Darum stützen die Kirche, die Regierung und die herrschenden Klassen sich gegenseitig. Die Gegner der religiösen Toleranz haben daher ganz recht, wenn sie für die Kirche das Recht der Gewalt und der Verfolgungen beanspruchen, aus dem ihre Existenz beruht. Die Anhänger der religiösen Toleranz wären nur dann im Rechte, wenn sie sich nicht an die Kirche, sondern an den Staat wenden würden und das forderten, was man irrig die *Trennung der Kirche vom Staate* nennt, was aber in Wirklichkeit nichts anderes ist, als der Verzicht jeglicher Glaubensanschauung auf die ausschließliche Staatsunterstützung durch mittelbare oder unmittelbare Gewalt. Von der Kirche aber fordern, daß sie auf die Gewalt in jeglicher Form verzichte, heißt soviel, wie von einem Feinde, der von allen Seiten umzingelt ist, fordern, daß er die Waffen strecke und sich dem Feinde ausliefere.

Duldung kann nur das wahre, freie Christentum üben, das mit keiner weltlichen Einrichtung verbunden ist, und darum nichts und niemanden zu fürchten hat, und das nur das eine Ziel im Auge hat, die göttliche Wahrheit mehr und mehr zu erkennen und mehr und mehr im Leben zu verwirklichen.

EIN BRIEF AN DIE MINISTER
DES INNERN UND DER JUSTIZ
(1896)

Leo N. Tolstoi

Übersetzt
von Raphael Löwenfeld

Hochgeehrter Herr!

Ich wende mich an Sie, als Mensch zum Menschen, mit dem Gefühl der Hochachtung und des Wohlwollens und bitte Sie, auch mit den gleichen Gefühlen mein Schreiben aufzunehmen. Nur, wenn wir aufrichtig diese Gefühle gegeneinander hegen, wird Verständnis und Einverständnis möglich sein.

Es handelt sich um die Verfolgungen, denen Personen, die meine in Rußland verbotenen Schriften besitzen und sie anderen, die sie darum ersuchen, zu lesen geben, von Seiten gewisser Instanzen Ihres Ministeriums ausgesetzt sind. Solchen Verfolgungen waren, wie zu meiner Kenntnis gekommen ist, schon viele Personen ausgesetzt. Einer der letzten Fälle betraf eine Ärztin Frau N. in Tula, bei der eine Haussuchung stattgefunden, die man ins Gefängnis geworfen, und die sich jetzt vor dem Untersuchungsrichter wegen der Verbreitung meiner Schriften zu verantworten hat. Dieser Fall der Frau N., einer nicht mehr jungen, nicht ganz gesunden, außerordentlich nervösen Dame, einer um ihrer seelischen Eigenschaften willen hochgeschätzten Person, die die allgemeine Liebe aller derer besitzt, die sie kennen, ist besonders ausfällig.

Die Veranlassung zur Verfolgung der Dame war, soviel mir bekannt, folgende: Frau N. ist eine gute Bekannte von mir und eine Freundin meiner Töchter. Ein Arbeiter aus Tula hatte mir öfter geschrieben, ich möchte ihm meine Schrift *„Mein Glaube"* zur Lektüre schicken. Da ich kein freies Exemplar zur Verfügung hatte und ihn gar nicht kannte, ließ ich mehrere seiner Briefe unbeantwortet. Diesen Winter bekam ich wieder einen Brief mit der gleichen Bitte; ich gab ihn meiner Tochter und bat sie, wenn wir das Buch besitzen sollten, um das er bat, es ihm doch zu schicken. Meine Tochter hatte kein freies Exemplar; sie erinnerte sich aber, daß gerade in Tula, woher der Brief gekommen war, Frau N. wohne, die mehrere meiner verbotenen Schriften besitzt. Sie übersandte dem Bittsteller ihre Visitenkarte mit dem Ersuchen an Frau N., dem Überbringer das Exemplar zu geben, das sie habe. Diese Bitte meiner Tochter an Frau N. wurde die Veranlassung zu ihrer Verhaftung und zu all den Vernehmungen, die sie zu erdulden hatte.

Ich meine, Maßregeln dieser Art sind unvernünftig, zwecklos, grausam, vor allem aber ungerecht. Unvernünftig sind sie, weil es unbegreiflich ist und unbegreiflich bleiben wird, warum von den Tausenden von Menschen, die meine Schriften besitzen und sie ihren Bekannten zum Lesen leihen, sich die Behörde gerade Frau N. für ihre Verfolgung heraussucht. Zwecklos sind diese Maßregeln, weil sie nicht zum Ziele führen. Abhilfe bringen diese Maßregeln nicht, weil das Übel, das aus der Welt geschafft werden soll, unter Tausenden von Menschen, die man doch nicht alle verhaften und im Gefängnisse halten kann, fortexistiert. Grausam sind diese Maßregeln, weil für viele schwache und nervöse Menschen, wie es Frau N. ist, Haussuchungen, Vernehmungen und ganz besonders der Aufenthalt im Gefängnis die Ursache schwerer Nervenleiden werden kann, wie das auch mit Frau N. der Fall war. Sie können sogar den Tod zur Folge haben. Vor allem aber sind diese Maßregeln im höchsten Grade ungerecht, weil sie sich nicht gegen die Person richten, von der das ausgeht, was die Behörde als Übel ansieht.

Diese Person bin im gegebenen Falle ich: ich schreibe diese Bücher, ich verbreite schriftlich und durch mündlichen Verkehr die Gedanken, welche die Behörde als das Übel ansieht. Will also die Behörde der Verbreitung dieses Übels entgegenwirken, so muß sie all die Maßregeln gegen mich kehren, die sie jetzt gegen die Personen richtet, die ihr zufällig in die Hände fallen, und die nur die eine Schuld haben, daß sie verbotene Bücher besitzen, die sie interessieren, und sie ihren Bekannten zu lesen geben. Die Behörde müßte deshalb so verfahren, weil ich keineswegs aus dieser meiner Thätigkeit ein Geheimnis mache, vielmehr frei und offen mit diesem Briefe erkläre, daß ich die Bücher geschrieben und verbreitet habe, die die Behörde für schädlich hält, und daß ich nicht aufhören werde, in Büchern, in Briefen und Gesprächen Ideen, wie die, die in meinen Büchern ausgesprochen sind, zu verbreiten.

Der Kern dieser Idee ist, daß den Menschen das untrügliche Gesetz Gottes offenbart ward, das über alle menschlichen Gesetze erhaben ist, und das uns lehrt, einander nicht anzufeinden, gegeneinander keine Gewalt zu üben, sondern im Gegenteil einander zu helfen, gegen den Nebenmenschen so zu handeln, wie wir wünschen, daß er gegen uns handle.

Diesen Gedanken mit den Schlüssen, die aus ihnen für das praktische Leben hervorgehen, habe ich, so gut ich konnte, in meinen Büchern Ausdruck gegeben und bemühe mich, sie noch klarer und leichter verständlich in einem Buch darzulegen, das ich jetzt schreibe. Diese Gedanken spreche ich in Unterhaltungen aus und in Briefen, die ich bekannten und unbekannten Personen schreibe; eben diese Gedanken spreche ich auch jetzt Ihnen aus, indem ich auf die dem Gesetz Gottes widersprechenden Grausamkeiten und Gewaltthaten hinweise, die von den Instanzen Ihres Ministeriums begangen werden. Gamaliels Worte über die Ausbreitung der christlichen Lehre: *Wenn sie Menschenwerk sind, würden sie zu Grunde gehen, und wenn sie von Gott sind, können sie nicht zerstört werden. Darum hütet Euch, daß Ihr nicht zu Feinden Gottes werdet* – werden für mich ein Vorbild wahrer Herrscherweisheit bleiben in ihrer Beziehung zu den Offenbarungen der geistigen Thätigkeit des Menschen. Ist diese Thätigkeit eine lügenhafte, so wird sie von selbst zu Grunde gehen; ist aber der Inhalt dieser Thätigkeit Gottes Werk, wie es das Gotteswerk unserer Zeit ist, die Umwandlung des Prinzips der Gewalt in das Prinzip vernünftiger Liebe zu vollziehen, so werden keinerlei äußere Kraftanstrengungen diesen Vorgang hemmen können. Duldet die Behörde die unbehinderte Verbreitung dieser Ideen, so werden sie sich langsam und beständig ausbreiten; wird aber die Behörde, wie sie jetzt thut, die Menschen, die sich diese Gedanken zu eigen machen und sie ihren Nebenmenschen weitergeben, verfolgen, so wird die Verbreitung dieser Ideen sich in dem Kreise Zaghafter, Schwacher und Ungefestigter in gleichem Maße vermindern, als sie in dem Kreise energischer und überzeugter Menschen zunehmen wird. Und der Prozeß der Ausbreitung der Wahrheit wird deshalb nicht stillstehen und nicht aushören, was auch die Regierung thue.

Das ist nach meiner Meinung das allgemeine, unabänderliche Gesetz der Ausbreitung der Wahrheit. Darum ist das Klügste, was

die Regierung gegenüber dem Auftreten von Ideen, die ihr uner-
wünscht sind, thun kann, nichts vorzunehmen, am wenigsten aber
so unwürdige, grausame und sichtlich ungerechte Maßregeln anzuwenden, wie die Vernehmung unschuldiger Menschen, weil sie etwas thun, was Zehntausende anderer Menschen thun und gethan
haben, die niemand dafür verfolgt.

Will aber die Behörde durchaus nicht unthätig sein, will sie strafen, drohen und bekämpfen, was sie für ein Übel hält, so ist das am
wenigsten Unvernünftige und am wenigsten Ungerechte, was sie
thun kann: alle Maßregeln von Strafen, Einschüchterung und Ab-
stellung des Übels dahin zu richten, wo die Regierung des Übels
Quelle sieht, d. h. gegen mich, und das umsomehr, als ich im vor-
hinein erkläre: ich werde unermüdlich bis an meinen Tod das thun,
was die Regierung für ein Übel hält, und was ich für meine heilige
Pflicht vor Gott halte.

Und glauben Sie, bei Leibe, nicht, ich sei, – da ich darum bitte,
die Gewaltmaßregeln, die gegen mehrere meiner Bekannten gebraucht werden, gegen mich zu richten, – der Meinung, die Anwendung solcher Maßregeln gegen mich könnte der Regierung Schwierigkeiten bieten, meine Popularität und meine gesellschaftliche Stellung schützten mich gegen Haussuchungen, Vernehmungen, Ausweisung, Haft und andere schlimmere Gewaltthätigkeiten. Ich
denke das keineswegs; ich bin sogar überzeugt, wenn die Regierung
entschieden gegen mich vorgehen, mich ausweisen, mich ins Gefängnis werfen oder noch stärkere Maßregeln gegen mich anwenden wollte, würde sie durchaus keine besonderen Schwierigkeiten
haben, die öffentliche Meinung würde sich keineswegs darüber auf-
regen, die meisten Menschen würden vielmehr eine solche Handlungsweise vollkommen gut heißen und sagen, es wäre längst Zeit
gewesen, gegen mich so zu handeln.

Gott weiß, es liegt mir fern, mit diesem Briefe die Regierung her-
auszufordern oder sonst meinem Herzen Luft zu machen. Mich
treibt das sittliche Bedürfnis dazu, unschuldigen Menschen die Verantwortung abzunehmen für Handlungen, die ich begangen habe,
vor allem aber, den Vertretern der Regierung und unter diesen auch
Ihnen zu zeigen, welche Grausamkeit, Unvernunft und Ungerechtigkeit in der Anwendung dieser Maßregeln liegt, und Gott zu bit-

ten, daß sie, soweit das möglich ist, abgestellt werden, und mich zu befreien von der moralischen Verantwortung für sie.

Ich würde Ihnen sehr dankbar sein, wenn Sie mir in einem einfachen, nicht offiziellen Brief antworten wollten, wie Sie über das, was ich hier gesagt habe, denken, und ob Sie meine Bitte erfüllen werden: in Zukunft alle Verfolgungen, wenn sie denn als notwendig angesehen werden, auf mich, der ich sie verdiene, abzuwälzen, auf mich, der doch vom Standpunkt der Regierung aus die Hauptperson ist.

Mit dem Gefühl aufrichtigen Wohlwollens bleibe ich
Ihr
Sie hochschätzender
Leo Tolstoj.

[*Anmerkungen des Übersetzers*]

Diesen aus dem Jahre 1896 stammenden Brief Tolstojs hat Wladimir Čertkow im Februar 1902 zum erstenmal veröffentlicht. Er that das, weil, wie er sagt, die russischen Behörden, staatliche wie kirchliche, vor kurzer Zeit einen Beschluß gefaßt haben, Mitteilungen über die Person Leo Tolstojs zu unterdrücken und Zeitungen, die über seinen Gesundheitszustand und seine Lebensführung Berichte abdrucken, zur Verantwortung zu ziehen, während sie andererseits böswillige Verstümmelungen seiner Anschauungen und Verleumdungen seiner Person unterstützen. „Für alle, die mit den wahren Thatsachen des persönlichen Lebens Leo Tolstojs nicht bekannt sind" – sagt Čertkow – „kann dieser Brief an die Vertreter der Staatsregierung als ein unwiderleglicher Beweis für die Übereinstimmung seiner Handlungen und seiner Worte dienen; denn ein solcher Brief ist bei den gegenwärtigen Verhältnissen Rußlands nicht nur ein schriftstellerisches Erzeugnis, sondern eine That. Wir meinen, die Absicht, der frechen Verleumdung eines der Welt teuren Mannes, der nicht im Stande ist, ja nicht einmal den Wunsch hat, sich zu verteidigen, entgegenzutreten, wäre eine genügende Rechtfertigung der Veröffentlichung dieses Briefes, auch wenn der Verfasser selber nie daran gedacht hat, ihn zu verbreiten.

Auf diesen Brief ist, wie zu erwarten war, nie eine Antwort gekommen. Es ging das Gerücht, der eine der Minister hätte nach dem Empfang des Briefes es nicht mehr für möglich gehalten, einer so trotzigen Herausforderung gegenüber Tolstoj in Freiheit zu belassen; der andere aber hielt es für richtiger, ihn selbst nicht anzutasten, und riet zur Verfolgung seiner Gesinnungsgenossen, in der Voraussetzung, es würde dies für ihn eine empfindlichere Strafe sein. Es ist auch bekannt, daß die Regierung sich zu dieser Maßregel entschlossen hat."

R[aphael]. L[öwenfeld].

ANHANG

Tolstoi-Bildnis (im Wald ausruhend):
Илья Ефимович Репин | Ilya Repin (1844-1930).
commons-wikimedia.org

Der grüne Stab

(Zelenaja paločka, 1904/05)

Leo N. Tolstoi

Übersetzt
von Wilhelm Löwenthal[1]

I.

Wenn ein Mensch nach einem langen Schlaf, der ihm jede Erinnerung an das raubte, was früher war, an einem neuen, ihm unbekannten Ort erwachte, an einem Ort, der von Wesen bewohnt wäre, wie er selbst ist, von Menschen und Tieren, die geschäftig hin und her laufen und sich unaufhörlich etwas zu schaffen machen, was wäre dann das erste, was ein solcher Mensch täte? Er würde sich bemühen zu begreifen, von wem und zu welchem Zweck er an diesen neuen, seltsamen Ort gebracht wurde, und wie er hier seine Kräfte, den Drang nach Tätigkeit, den er in sich spürt, zu verwenden hat. Die Antwort auf diese Fragen ist gerade das, was man Religion nennt. Und ohne diese Antwort kann ein vernünftiger Mensch nicht gut leben.

Wer hat mich an diesen seltsamen Ort gebracht?

Das weiß ich nicht, und ich kann es nicht wissen. Aber ich weiß sicher, daß es jemanden gibt, der mich hierher gebracht hat. Ich weiß das sicher, denn ich konnte nicht aus eigenem Willen in dieser Welt erscheinen, weil ich das niemals wollte und auch niemals wollen konnte; ich konnte es nicht wollen, da ich, bevor ich in dieser Welt erschien, gar nicht vorhanden war, – wenigstens weiß ich nichts davon, daß ich vorher je vorhanden war. Frage ich, wann ich begann, d. h. mein eigentliches Ich, dann erhalte ich eine noch weniger be-

---

[1] Erstveröffentlichung dieser Übersetzung | Leo N. TOLSTOI: Der grüne Stab. Übersetzt von Wilhelm Löwenthal. In: Religion und Geisteskultur. Zeitschrift für religiöse Vertiefung des modernen Geisteslebens. 5. Jahrgang (1911), Heft 2.

friedigende Antwort. Man sagt mir, daß ich vor einigen Jahren im Leib meiner Mutter begann. Aber das, was aus dem Leib meiner Mutter kam, das war mein Körper, – jener Körper, der sehr lange Zeit hindurch nichts von seinem Vorhandensein wußte, und der sehr bald, vielleicht schon morgen, in die Erde verscharrt und zu Erde werden wird. Dasjenige aber, was ich als mein Ich empfinde, erschien nicht gleichzeitig mit meinem Körper. Dieses mein Ich begann nicht im Leib meiner Mutter, auch nicht nach dem Verlassen des Mutterleibes und dem Abtrennen der Nabelschnur, auch nicht zu der Zeit, da man mich von der Mutterbrust nahm, auch nicht, als ich zu sprechen begann. Ich weiß, daß dieses Ich einst sein Dasein begann; aber zugleich weiß ich, daß dieses Ich immer schon vorhanden war. So kann ich in der Zeit mein wirkliches Ich nicht finden, mag ich es ganz nahe suchen oder ganz fern. Mir ist, als hätte ich niemals begonnen, sondern als sei ich schon immer dagewesen und hätte mein früheres Leben nur vergessen.

Also kann ich überhaupt nicht sagen, was ich eigentlich bin. Ich weiß nur, daß ich und mein Körper nicht ein und dasselbe sind.

Die zweite Frage ist: Was ist denn die Welt, in der ich, wenn ich anfange zu begreifen, mich vorfinde?

Diese Welt ist nicht meine Familie und mein Haus, das Haus der Tolstojs in Jasnaja Poljana oder der Bauern in Bayern oder der Smith in England oder der Robinson in Ohio in Amerika oder der Fo-Han-Tschi in einem chinesischen Dorf oder in Peking, sondern diese Welt ist die ganze ungeheuer große Welt aller Menschen, die diesen Planeten Erde bewohnen, in Siam, in Island, in Madagaskar und allen Plätzen, die ich kenne und die ich nicht kenne. Und diese Welt bilden nicht nur jene 1.500 Millionen, die, wie ich gehört habe, jetzt die Erde bewohnen, sondern auch alle die Milliarden von Menschen, die vor mir lebten, in den mir bekannten Zeiten und in den Tausenden von Jahren, von denen ich nichts weiß, und ebenso auch die Menschen, die jetzt geboren werden und heranwachsen, und die eine unendliche Anzahl von Jahren hindurch entstehen und wachsen werden, wenn von meinen Knochen nichts mehr übrig geblieben sein wird. Alle diese Menschen, und außerdem noch eine unendliche Menge von Lebewesen verschiedener Gattungen, von den mikroskopisch kleinen Infusorien bis hinauf zum Elefanten und zum Nilpferd, und eine ebensolche unendliche Menge von Pflanzen und leblosen Wesen nicht nur auf unserem Planeten, der Erde, sondern auch außerhalb dieses Planeten, auf andern Gestirnen, auf den Sonnen und den Millionen von Sternen, die in unendlichen Entfernungen die Erde umgeben und sich ohne Ende in der Zeit verbreiten, – alles das bildet jene Welt, in die ich gesetzt bin und die ich erkannte, als in mir die Vernunft erwachte.

In dieser nach allen Seiten, in Zeit und Raum unendlichen Welt erschien ich gestern oder vor 10, 20, 30, 40, 50 Jahren, wie mir andere Menschen sagen. Den Anlaß zu meinem Erscheinen gab die Ehe meiner Eltern, und wie ich von andern Menschen weiß, war ich erst ein Embryo, dann ein Kind, dann ein Jüngling, und darauf ein Mann. Wann aber mein Ich in der Welt erschien, das Ich, das ich in mir erkenne, das weiß ich nicht. Mir ist, als sei ich immer dagewesen. Wann ich aufhören werde zu sein, weiß ich auch nicht. Nach den Beobachtungen an andern Menschen weiß ich, daß ich vermutlich mit 70 oder 80 Jahren sterben werde. Ich weiß, daß ich mich jeden Tag, jede Stunde dem Tode nähere, ich weiß, daß ich jeden Augenblick sterben kann. Aber obwohl ich das weiß, obwohl ich das an allen andern Menschen sehe, glaube ich es nicht. Ich kann es nicht glauben, daß mein Ich aufhören kann zu sein.

In dieser Welt war ich nicht immer. Wozu bin ich dann hier erschienen? Und was habe ich hier zu tun?

Was habe ich mit meinem winzigen Körper und mit der winzigen, so eng begrenzten Lebenszeit in dieser räumlich und zeitlich unendlichen Welt zu tun?

Ein Mensch, dessen Vernunft noch nicht erwacht ist, der ein animalisches Leben führt, antwortet auf diese Frage gewöhnlich, daß er lebe, um zu essen, zu trinken, zu schlafen, sich zu amüsieren, überhaupt um alle Genüsse auszukosten, die das Leben bietet. Aber der Mensch braucht nur um sich herum zu blicken und an das zu denken, was seiner harrt, um sich zu überzeugen, daß das materielle Glück nicht der Zweck seines Lebens sein kann, weil es ein solches Glück nicht geben kann für ein Wesen, das zu Kampf, zu allerhand Not und Trübsal, zu Krankheit und zu sicherem Tod verdammt ist. Was für ein Glück kann denn ein Leben bieten, das unweigerlich zu Alter, Schwäche und Tod führt? Weder der Genuß, noch die Vervollkommnung der persönlichen Fähigkeiten, noch das Vollbringen einer großen Tat, noch sogar die Förderung des allgemeinen Wohles kann die Bestimmung unseres Lebens sein. Alle diese Dinge könnten es sein, wenn die räumlich und zeitlich unendliche Welt und der Tod nicht wären. Bei der Beschränktheit und Kürze meines Lebens innerhalb der räumlich und zeitlich unendlichen Welt können die Handlungen eines Menschen gar keinen Sinn haben. Wozu soll der Mensch an der Verbesserung des Lebens arbeiten, wenn seine ganze Tätigkeit nur ein unmerklicher Punkt in der Unendlichkeit der Welt ist – und wenn das Leben selbst nur ein Augenblick zwischen zwei Ewigkeiten ist? Und wozu soll ein Mensch, der sicher sterben wird, an der Verbesserung des Lebens anderer Menschen arbeiten, wenn er doch weder die Früchte seiner Tätigkeit noch die Anerkennung dessen, was er für die Menschen tat, erleben wird? Und auch die, für die er arbeitet, werden ja ebenso spurlos verschwinden wie er.

So ergibt sich als Antwort auf meine Fragen, wenn ich diese Fragen ernsthaft stelle und ernsthaft zu beantworten versuche, folgendes:

1. Auf die erste Frage: „Was ist mein Ich?" lautet die Antwort: Das ist etwas scheinbar Vergängliches, vor kurzem ins Leben Getretenes und zu baldigem Untergang Verdammtes und dabei doch etwas wirklich Existierendes, und zwar das, ohne das nichts wäre. Und so weiß ich nicht, was ich bin, und doch ist mein Ich gerade das einzige, was ich kenne, und zwar am besten kenne.

2. Die Antwort auf die zweite Frage: „Was ist die Welt, in der ich mich vorfinde?" lautet: Das ist etwas räumlich und zeitlich Unendliches, etwas Sinnloses, etwas, das notwendigerweise einmal angefangen hat und einmal aufhören wird und dabei doch niemals angefangen haben und niemals aufhören kann. Etwas, das auch räumlich notwendigerweise irgendwo ein Ende hat und dabei doch nirgends im Raume enden kann. Mit einem Wort, das ist entweder etwas Sinnloses oder für mich Unverständliches, d. h. ich weiß absolut nicht, was das für eine Welt ist, obwohl ich von ihr umgeben bin, in ihr lebe und in ihr tätig sein muß. Das ist die Antwort auf meine zweite Frage.

3. Auf die dritte Frage – „Was habe ich zu tun?" – heißt die Antwort: Es ist unnütz und sinnlos, irgend etwas für jenes in dieser Welt entstandene und in ihr einst untergehende Wesen zu tun, welches, wie mir scheint, ich bin. Jenes Wesen aber, das niemals begann und immer ist, und das mit meinem Körper, mit dem es verbunden ist,

nicht identisch ist, – braucht nichts. So hat mein Leben für mich, für das, was ich für mein Ich halte, keinen Sinn, und kann keinen Sinn haben. Es kann auch keinen Sinn haben für die Welt, in der ich lebe; und ich habe weder für mich noch für die Welt irgend etwas zu tun und bin nicht imstande, irgend etwas Nützliches zu tun.

Die Sache liegt so: sobald ich meinen Stand und meinen Rang vergesse, sobald ich vergesse, daß ich ein König, ein Arbeiter, ein Richter, ein Fabrikant, ein Professor, ein Gelehrter, ein Künstler, ein Familienglied bin, und nur an das eine denke, daß ich ein Mensch bin, der vor kurzem in dieser unbegreiflichen Welt erschien und sehr bald aus ihr verschwinden muß, dann hat dieses Leben gar keinen vernünftigen Zweck, und es lohnt nicht, irgend etwas zu tun. Alles ist nichtig, alles unnütz. Alles, was ich machen werde, wird sinnlos sein, und doch muß ich, solange ich lebe, notwendigerweise irgend etwas tun. Die Tätigkeit des Menschen in der Welt ist gleich der Tätigkeit eines Pferdes in der Tretmühle. Das Pferd muß, auch wenn es nicht will, vorwärtsgehen und durch sein Gehen das Rad bewegen. Und der Mensch muß notwendigerweise etwas tun und durch sein Tun an der Bewegung der ganzen Welt teilnehmen. Irgend eine Kraft hat mich in eine solche Lage gebracht, daß ich tätig sein muß, – nicht für mich, auch nicht für die Welt, sondern für etwas mir Unbegreifliches. In diesem Bewußtsein liegt das Wesen jeder wahren Religion.

Dieses Bewußtsein sagt, daß es eine Kraft gibt, die mich in die Welt gesandt hat. Darin liegt das Wesen jeder wahren Religion. Und die Anerkennung dieser Kraft, die mich in die Welt gesandt hat, und die man Gott nennt, entwirrt das Ganze und gibt dem menschlichen Leben einen Sinn. Mein Leben ist an sich unbegreiflich, und ebenso unbegreiflich ist für mich das Leben der ganzen Welt. Aber eine höhere Kraft will es, daß ich lebe und handle. Für mich selbst ist mein Leben unbegreiflich, und alle Ziele, die ich mir oder der Welt stellen kann, haben für mich keinen Sinn, – für jene höchste Kraft aber, welche mich, den sich selbst Unbegreiflichen, in die Welt gesandt hat und das mir unbegreifliche Leben der Welt lenkt, für sie kann und muß mein Leben und das Leben der Welt, in der ich lebe, einen Sinn haben.

Man braucht nur diese höchste Kraft anzuerkennen, und alles wird klar. Das Endziel meines Lebens und des Lebens der Welt sind vor mir verborgen, sind mir unzugänglich. (Sie können einem beschränkten Wesen nicht zugänglich sein.) Ich und die ganze Welt sind nur Werkzeuge der Erreichung mir unbekannter Ziele. Den Sinn meines Lebens bestimmt nicht das mir unzugängliche Endziel, sondern das Ziel meines irdischen Daseins: ich muß die höchste Kraft anerkennen und ihr dienen. Ich muß Gott anerkennen und Seinen Willen erfüllen.

II.

Was ist die Erfüllung des Willens Gottes? Es wird gelehrt, daß Gott sich den Menschen geoffenbart habe durch Moses, oder durch Christus, oder durch Buddha. Das stimmt nicht. Manchmal ist das ein Irrtum, manchmal ein Betrug, immer aber ist es nicht wahr.

Gott hat nirgends Seinen Willen oder Sein Gesetz einem Menschen oder einer Versammlung von Menschen plötzlich offenbart. Gott offenbart sich beständig allen Menschen, allen denen, die ihn suchen. Er offenbart sich jedem Menschen in seinem Herzen. Jeder Mensch fühlt in sich das Vorhandensein Gottes, das Vorhandensein jenes Lebensprinzips, welches nicht Körper ist, aber im Körper des Menschen wohnt, welches weder Maß noch Gewicht, weder Farbe noch Geschmack noch Duft hat und welches niemals begonnen hat und niemals aufhören wird. Dieses Lebensprinzip ist im Menschen durch seinen Körper begrenzt und ist nur ein Teil des Ganzen. Aber in diesem Teil kann der Mensch das Ganze erkennen. Und dieses Ganze ist Gott. Der Mensch fühlt in sich einen Teil dieses Ganzen; und darum kennt er Gott, darum muß er ihn notwendigerweise kennen.

Wenn er Gott kennt, kennt er auch sein Gesetz. Gottes Gesetz ist nicht in irgend einem Buch niedergelegt, sondern tritt im Leben selbst, im Schicksal des Menschen zutage. Nur weil die Menschen ihre Augen verschließen und ihre wirkliche Lage nicht sehen wollen, nur darum scheint es ihnen, daß sie das Gesetz Gottes nicht kennen, nur darum halten die einen dieses, die andern jenes für Gottes Gesetz.

Wenn ein Mensch auf eine Bahnstation kommt und sich in einem dort stehenden Eisenbahnwagen, den er für sein Wohnhaus hält, häuslich einzurichten beginnt in der Absicht, in ihm sein Leben zu verbringen, so wird er sicherlich sehr verwundert und betrübt sein, wenn der Waggon sich in Bewegung setzt und ihn nach einer andern Station fährt und wenn ihm, dem Fahrgast, dort befohlen wird, den Waggon unverzüglich mit Sack und Pack zu verlassen. Der Mensch konnte selbst sehen, daß das Ding, in dem er sich häuslich einrichten wollte, kein Haus war, sondern ein Eisenbahnwagen, ein Fortbewegungsmittel, und er konnte sehr gut wissen, daß man, um von diesem Fortbewegungsmittel Gebrauch zu machen, gewissen Verpflichtungen nachkommen muß, daß man den Fahrpreis entrichten und die Bestimmungen der Eisenbahnverwaltung beachten muß. Den meisten Menschen ergeht es in bezug auf ihr Leben ebenso trügerisch wie diesem Menschen mit dem Eisenbahnwagen. Sie verstehen ihre Lage nicht.

Im Evangelium steht das Gleichnis von den Winzern. Dort wird erzählt, wie ein Hausvater einen Weinberg pflanzte, einen Zaun um ihn herum führte, in ihm eine Kelter ausgrub und einen Turm baute und ihn den Winzern gab, damit sie ihm die Früchte des Gartens gäben zur rechten Zeit. Die Winzer aber bildeten sich ein, der Weinberg wäre ihr Eigentum, und sie wären keinem Menschen gegenüber zu irgend etwas verpflichtet, und sie vertrieben und töteten die Knechte, die der Herr zu ihnen schickte, damit sie die Früchte empfingen. Als der Herr dieses erfuhr, vertrieb er die Winzer. Die Winzer richteten ihr Leben zugrunde dadurch, daß sie ihre Lage nicht begriffen. So geht es auch den Menschen. Nicht irgend ein anderer, sondern sie selbst richten sich zugrunde. Nur die klare Erkenntnis ihrer Lage im Leben enthüllt den Menschen das Gesetz Gottes. Der Mensch kann sagen, daß er Gott nicht kennt, aber er kann nicht sagen, daß er Gottes Gesetz nicht kennt, denn Gottes Gesetz lenkt sein Leben und das Leben aller Wesen. Es ist möglich, daß der Mensch dieses Gesetz nicht verstandesmäßig erfaßt, aber es ist nicht möglich, daß er es nicht fühlt.

III.

Alle Menschen wollen gern in Freude, Liebe und Eintracht leben, keine Schmerzen haben, nicht leiden, nicht sterben; und sie leben alle getrennt voneinander, in Feindschaft miteinander, und Krankheit, Leiden und Tod bleiben keinem erspart. Warum das? Wozu hat Gott die Menschen so geschaffen, daß sie das Gute wünschen und alle sich quälen? Warum das?

Die Lehre Christi antwortet darauf. Christus sagt, daß ihn die Menschen jammern, weil sie in der Irre wandern wie Schafe ohne Hirten, und er ruft sie zu sich und verheißet allen das Heil. Er spricht: ‚Kommt her zu mir alle, die ihr mühselig und beladen seid. Ich will euch erquicken. Nehmet auf euch mein Joch und lernt von mir; denn ich bin sanftmütig und von Herzen demütig; so werdet ihr Ruhe finden für eure Seelen". Christus sagt den Menschen, daß alle ihre Leiden daher kommen, daß sie ihre wahre Lage nicht erkennen, daß sie sich etwas einbilden, was nicht vorhanden ist, daß sie vergessen, wer sie sind. Wenn sie über ihre Lage im klaren wären und immer an ihre wahre Lage dächten, dann wäre ihr Leben keine Qual, sondern eine Freude.

Das ist im Evangelium viele Male ausgesprochen. Besonders klar ist das im Gleichnis von den Winzern gesagt: Der Hausherr pflanzte den Weinberg, richtete alles in ihm ein (der Garten ist die Welt, der Hausvater ist Gott) und übergab ihn den Winzern, damit sie darin arbeiteten und ihm die Früchte gäben. Aber die Winzer vergaßen, daß der Garten nicht ihr Eigentum war und daß sie verpflichtet waren, dem Hausvater die ausbedungene Zahl der Früchte zu geben. Und als der Hausvater die Früchte seines Weinbergs forderte, dann gaben sie sie nicht her und vertrieben die Knechte. Da vertrieb sie der Herr. Und dadurch gerieten sie ins Unglück.

Ebenso geraten die Menschen ins Unglück, wenn sie sich einbilden, daß das Leben ihr Eigentum sei, daß jeder mit seinem Leben anfangen könne, was er will, ohne das zu erfüllen, was der Herr von ihm wollte, der ihn ins Leben sandte.

Die Talente sind dem Menschen ebenso wie das Leben nur dazu gegeben, daß er um ihretwillen arbeite. Wer im Leben nicht arbeitet, verliert dadurch alles, was der Herr von ihm will. Wer aber für Gott arbeitet, der erhält immer mehr und mehr.

Dasselbe ist auch in dem Gleichnis von dem Verwalter gesagt, den der Herr in seinem Hause einsetzte. Der Verwalter aber kümmerte sich nicht um das Haus seines Herrn, sondern vergnügte sich und verbrauchte das Gut des Herrn für sich. Da strafte ihn der Herr und vertrieb ihn.

In diesen Gleichnissen ist gesagt, wofür sich der Mensch nicht halten soll. In dem Gleichnis aber von dem Knecht, der vom Felde zurückkehrte, ist gesagt, wie jeder Mensch seine Lage in der Welt zu verstehen hat. „Wer unter euch, der einen Knecht hat, der ihm pflügt oder das Vieh weidet, sagt ihm, wenn er heimkommt vom Felde: Komm sogleich und setze dich zu Tische? Ist's nicht vielmehr so, daß er zu ihm sagt: Richte zu, was ich zu Abend esse, schürze dich und diene mir, bis ich esse und trinke, danach sollst du auch essen und trinken? Danket er auch dem Knechte, daß er getan hat, was ihm befohlen war? So auch ihr! Wenn ihr alles getan habt, was euch befohlen ist, so sprechet: Wir sind unnütze Knechte; wir haben getan, was wir zu tun schuldig waren" (Lukas 17, 7-10).

Die ganze Lehre Christi geht darauf aus, den Menschen seine wahre Lage erkennen zu lassen.

Der Mensch erkennt sie nicht. Was er auch tun mag, wie er sich auch um sein Glück bemühen mag, er kann sich nicht wohl fühlen, ebenso wie sich auch ein Arbeiter nicht wohl fühlen kann, der die Bedingungen des Mietkontraktes nicht erfüllt.

Erst wenn der Mensch seine Lage erkennt, wenn er begreift, daß er nicht der Herr seines Lebens, sondern der Knecht und der Sohn Gottes ist, und daß er darum seine Verpflichtungen Gott gegenüber zu erfüllen hat, erst dann kann er sich im Leben wohl fühlen.

Dieses selbe sagt das Evangelium mit den Worten: Suchet das Reich Gottes und Seine Gerechtigkeit (d. h. das, was Gott will), so wird euch alles Andere zufallen (d. h. alles das, was die Menschen zu ihrem Heil brauchen).

Damit der Mensch in den Besitz des Heils gelangt, das für ihn erreichbar ist, ist es nötig, daß er sich nicht selbst betrügt, und daß er seine Lage begreift.

Was ist denn nun die wirkliche Lage des Menschen in der Welt, und worin besteht der Irrtum, der den Menschen unglücklich macht?

Der Irrtum besteht darin, daß die Menschen nicht an den Tod

denken, und daß sie nicht bedenken, daß sie sich in dieser Welt nicht dauernd, sondern nur vorübergehend aufhalten. In diesem Irrtum befinden sich die Kinder, sehr oft aber auch erwachsene Leute. Sehr oft denken erwachsene Leute bis ins Alter hinein nicht an den Tod, sie leben so, als wenn es keinen Tod gäbe, als wenn sie überzeugt wären, daß sie ewig leben würden.

Solche Menschen erkennen erst im Augenblick des Todes ihre wahre Lage und begreifen mit Entsetzen, aber zu spät den nicht wiedergutzumachenden Irrtum ihres ganzen Lebens. Über diesen Irrtum heißt es im Lukas-Evangelium 12, 16-20:

„Und er sagte ihnen ein Gleichnis und sprach: Es war ein reicher Mensch, des Feld hatte wohl getragen. Und er dachte bei sich selbst und sprach: Was soll ich tun? Ich habe nicht, wo ich meine Früchte hin sammle. Und sprach: Das will ich tun: ich will meine Scheunen abbrechen und größere bauen und will darein sammeln all mein Korn und meine Güter und will sagen zu meiner Seele: Liebe Seele, du hast einen großen Vorrat auf viele Jahre, habe nun Ruhe, iß, trink und habe guten Mut! Aber Gott sprach zu ihm: Du Narr! Diese Nacht wird man deine Seele von dir fordern, und wes wird's sein, das du bereitet hast?"

Tiere können leben, ohne an den Tod zu denken, aber der Mensch hat Verstand und kann nicht so leben. Wenn der Mensch so verständig ist um vorauszusehen, daß er sich ernähren und dafür Korn ernten und einen Speicher bauen muß, dann ist er auch in der Lage weiterzudenken und vorauszusehen, daß ihm der Tod nicht erst im Alter ganz sicher ist, sondern er ihn jeden Augenblick ereilen kann.

Ein Mensch, der sich seines Todes bewußt ist, kann gar nicht zum Wohle seines abgesonderten Ichs leben.

Für einen Menschen, der seiner Sterblichkeit stets eingedenk ist, kann das Leben nur *einen* Sinn haben, der ist: Ich bin kein selbständiges Wesen, sondern nur ein Werkzeug des Willens Gottes. Durch Seinen Willen bin ich in diese zeitlich und räumlich unendliche Welt gekommen, durch Seinen Willen muß ich mich hier einige Zeit aufhalten und nachher für immer verschwinden. Ist das so, dann ist es offenbar sinnlos, um des eigenen Lebens willen zu leben, und einen Sinn hat dann nur eines: die Erfüllung des Willens dessen, der mich in diese Welt gesandt hat um seiner Zwecke willen. Welches sind denn diese Zwecke? Den Endzweck kann ich nicht kennen, da er vor mir in der Unendlichkeit verborgen ist, aber das Mittel, ihn zu erreichen, kann ich kennen. Das Mittel ist eben jenes Streben nach dem Heil der ganzen Welt, welches den Sinn meines Lebens ausmacht. Der mir zugängliche Zweck ist das Heil der ganzen Welt, mein Streben nach diesem Heil aber ist nur ein Hinweis auf das, was ich suchen muß.

So enthüllt dem Menschen nur das klare Verständnis seiner Lage in der Welt den wahren Glauben an Gott und an Sein Gesetz. Diese Erkenntnis der Lage des Menschen führt von selbst zu der Ergebenheit in den Willen Gottes, zur Anerkennung der Gleichheit aller Menschen, zur Liebe zu ihnen und zur Bereitwilligkeit, ihnen zu dienen. Daraus ergibt sich das Grundgesetz des Lebens: Tue den andern das, was du willst, daß man dir tut.

Ergebenheit in den Willen Gottes, die Liebe zum Nächsten und die Bereitwilligkeit, ihm zu dienen, – das ist das Gesetz Gottes, das sich aus der Erkenntnis der Lage des Menschen in der Welt ergibt. Das ist die Grundlage jeglichen Glaubens. Damit ist nicht gesagt, daß es nicht auch noch andere durchaus notwendige religiöse Vorschriften geben kann, die bestimmen, wie dieses Gesetz in den verschiedenen Lebenslagen anzuwenden ist. Solche Bestimmungen finden sich in den Veden, im Buddhismus, im altjüdischen Sittengesetz, im Evangelium und in manchen späteren Sittenlehren. Solcher Art sind einige der Gebote Moses', – nicht alle, sondern diese: Du sollst nicht töten, du sollst nicht ehebrechen. Solcher Art sind die Gesetze Manus: Du sollst nicht lügen, du sollst dich nicht der Trunksucht ergeben. Solcher Art ist das, was der Buddhismus über das Mitleid mit den Tieren lehrt. Solcher Art sind die fünf großen Gebote Christi, die das ganze menschliche Leben umfassen: 1) Du sollst nicht zürnen. 2) Du sollst dich nicht der Sinneslust ergeben. 3) Du sollst nicht schwören. 4) Du sollst niemandem Gewalt antun. 5) Du sollst deine Feinde lieben.

Aus dem Grundgesetz von der Ergebenheit in den Willen Gottes und der Liebe zum Nächsten lassen sich viele Einzelbestimmungen ableiten, deren Zahl je nach den Umständen sich vermehren kann. Wer seine Lage begriffen und das Grundgesetz erkannt hat, besitzt den Schlüssel zu der religiös-ethischen Wahrheit und wird selbst aus diesem Prinzip die für sein Leben notwendigen Gebote ableiten.

Es handelt sich eben einzig und allein darum, daß man sich selbst nicht täuscht, daß man seine Lage in der Welt richtig erfaßt. Wenn dieses der Fall ist, wenn man erkannt hat, daß man nicht um seines eigenen Wohles willen leben darf, daß das Leben nur dann ein wahres Leben ist, wenn man es als ein von Gott zu Seinem Dienst empfangenes ansieht, wenn wir erkennen, daß wir Seine Diener, Knechte, Werkzeuge, und zugleich doch Seine Kinder sind, – dann ist das Leben nicht mehr sinnlos, dann ist es kein Leiden mehr, dann wird es ein Heil für mich und für die ganze Welt. Von dieser Erkenntnis unserer Lage hängt alles ab. Aus ihr entspringt die Ergebenheit in den Willen Gottes, die Anerkennung der Gleichheit aller Menschen und der Liebe zum Nächsten, aus ihr entspringt die Bereitwilligkeit, einander zu dienen und zu helfen, und damit die Freude am Leben.

Die Menschen müssen einsehen, daß sie Gott dienen müssen, wenn ihr Leben einen Sinn haben soll. Dann werden die Schrecken und Leiden des jetzigen Lebens schwinden, und an ihre Stelle treten die Freude und das Heil des beginnenden Reiches Gottes. Das Reich Gottes beginnt, sobald die Menschen die jetzt herrschenden Irrtümer aufgeben und ihre wahre Lage begreifen.

Brüder und Schwestern! Um eures Lebens willen (und wichtiger als das Leben ist nichts) denkt über dieses nach.

Haltet ein! Bedenket, was ihr seid, wo ihr seid, und was euch erwartet. Wir wissen ja nur von einem Leben. Warum sollen wir denn dieses eine Leben zugrunde richten? Begreift doch, daß alles, was euch wichtig scheint: Vergnügungen, Freuden, Reichtum, Vaterland, Schicklichkeit, Ruhm – daß all dies nichts ist im Vergleich zu der eigentlichen, wahren Bestimmung des Lebens: der Erfüllung des Willens Gottes. Ändert euer Leben, – nicht darum, weil das irgend jemand befiehlt, sondern darum, weil davon euer und der ganzen Welt Wohl abhängt.

Und glaubt denen nicht, die da sagen, daß das unmöglich sei, weil die Menschen unverbesserlich seien, weil sie in Sünde gefallen seien. Glaubt aber auch den andern, noch schlimmern Betrügern nicht, die da sagen, daß das unmöglich sei, weil das Leben der Menschen sich nach den ihnen bekannten und von ihnen erforschten historischen und soziologischen Gesetzen verändere und vervollkommne. Glaubt weder den einen noch den andern, sondern lebt so, wie eure Vernunft euch befiehlt, und das andere stellt Gott anheim.

Ich lebte schlecht und sinnlos, so, wie alle leben. Da enthüllte sich mir, das sind jetzt fast 30 Jahre her, die Wahrheit, und seitdem ist mein Leben ein anderes: voller Ruhe, Glück und Freude, und je weiter, je näher dem Tode, desto besser wird es.

Und glaubt mir, daß es auch euch so ergehen wird. Es kann nicht anders sein, denn das Leben ist nur dann schwer, wenn wir im Widerspruch zu dem Gesetz des Lebens, zu dem Gesetz Gottes leben. Ein Leben aber, welches diesem Gesetz entspricht, ist eine Freude ohne Ende, eine Freude bis zum Tode, und eine Freude auch noch im Tode, wie Er das will. Der Tod hat einen Schrecken nur für den, der nicht an Gott glaubt, oder, was dasselbe ist, an einen bösen Gott glaubt. Für den aber, der an Gott und an Seine Güte glaubt und in diesem Leben nach Seinem Gesetz lebt, der Seine Güte erfahren hat, für den ist der Tod nur ein Übergang aus einem von ihm bestimmten guten Zustand in einen andern, unbekannten Zustand, der aber auch von ihm bestimmt ist und darum eben auch gut sein muß.

Leo N. Tolstoi vor dem Haus der Familie
in Jasnaja Poljana, 1906
(commons.wikimedia.org)

Aus dem Lesezyklus
für alle Tage

(Krug čtenija, 1904-1906)

*Von Leo Tolstoi ausgewählte und
selbst verfasste Texte*

DAS KAFFEEHAUS IN SURAT[1]

Bernardin de Saint-Pierre.
(Nach der Übersetzung von L. Tolstoi.)*

Es gab ein Kaffeehaus in der indischen Stadt Surat. Aus den verschiedensten Ländern versammelten sich da Reisende und fremde und unterhielten sich oft untereinander.

Einmal kam ein persischer gelehrter Theologe in das Kaffeehaus. Sein ganzes Leben lang hatte er über das Wesen Gottes studiert und darüber Bücher gelesen und geschrieben. Lange hatte er über Gott nachgesonnen, vieles über Ihn gelesen und geschrieben, bis er schließlich um seinen Verstand gekommen war, alles in seinem Kopfe hüben und drüben wurde und dahin kam, daß er an Gott zu glauben aufgehört hatte.

Davon hatte der Fürst Kenntnis gewonnen und er hatte ihn aus dem persischen Reiche verjagt.

Indem auf solche Art der unglückselige Theologe sein ganzes Leben lang über die Grundursache nachgegrübelt hatte, wurde er ganz verwirrt und, statt einzusehen, daß er die eigene Vernunft eingebüßt hat, begann er zu denken, es gäbe keine höchste Vernunft mehr, welche die Welt lenke.

Dieser Theologe hatte einen afrikanischen Sklaven, welcher ihm

---

[1] Textquelle | Leo TOLSTOI: Für alle Tage. Ein Lebensbuch. Band I. Erste vollständig autorisierte Übersetzung. Herausgegeben von Dr. E. H. Schmitt und Dr. A. Škarvan. Dresden: Verlag von Carl Reißner 1906, S. 218-227.

überall nachfolgte. Als der Theologe in das Kaffeehaus trat, blieb der Afrikaner draußen, vor der Tür, ließ sich in der brennenden Sonnenhitze auf einen Stein nieder, saß dort und scheuchte die Fliegen von sich. Der Theologe aber lag im Kaffeehaus auf einem Divan und ließ sich eine Tasse Opium reichen. Nachdem er diese geleert hatte und das Opium auf sein Hirn zu wirken begann, wendete er sich an seinen Sklaven:

„Sag' mal, du elender Sklave, was meinst du: gibt es einen Gott oder keinen?"

„Natürlich, gibt es einen!" erwiderte der Sklave und holte sofort aus seinem Gürtel einen winzigen hölzernen Götzen hervor. „Da," sagte er, „ist jener Gott, der mich, seitdem ich auf der Welt bin, immer beschützt. Dieser Gott ist aus einem Zweige des nämlichen heiligen Baumes geschnitzt, zu dem alle bei uns beten."

Die im Kaffeehaus Anwesenden hatten dies Gespräch zwischen dem Theologen und Sklaven mit angehört und wunderten sich darüber.

Sie wunderten sich über die Frage des Herrn und noch mehr wunderten sie sich über die Antwort des Sklaven.

Ein Brahmine, der die Worte des Sklaven angehört hatte, wandte sich an ihn und sagte:

„Unglücklicher Tor! wie kannst du nur denken, daß Gott hinter deinem Gürtel steckt? Gott ist allein – Brahma. Und Brahma ist größer, als die ganze Welt, weil er die ganze Welt erschaffen hat. Brahma ist der einzige, große Gott, der Gott, welchem die Tempel an den Ufern des Ganges erbaut sind, der Gott, dem seine alleinigen Priester, die Brahminen, dienen. Diese Priester allein kennen den wahren Gott. Bereits zwanzigtausend sind verflossen, und trotz aller Umwälzungen in der Welt, sind diese Priester die nämlichen geblieben, die sie stets waren, weil Brahma, der einzige, wahre Gott sie beschirmt."

So sprach der Brahmine, indem er meinte, alle zu überzeugen; aber ein jüdischer Geldwechsler, der hier zugegen war, entgegnete ihm:

„Nein," sagte er, „der Tempel des wahren Gottes ist nicht in Indien! … Auch beschirmt Gott nicht die Kaste der Brahminen! Der wahre Gott ist nicht ein Gott der Brahminen, sondern der Gott Abrahams, Isaaks und Jakobs. Auch beschirmt der wahre Gott einzig sein Volk Israel. Seit Anbeginn der Welt hat Gott beständig nur unser Volk geliebt. Und wenn heute unser Volk auch zerstreut ist über den Erdboden, so ist das nur eine Prüfung und Gott wird, wie er verheißen, wiederum sein Volk in Jerusalem versammeln, um das Wunder des Altertums, den Tempel von Jerusalem, wieder herzustellen und Israel als Herrscher über alle Völker einzusetzen."

So sprach der Jude und weinte. Er wollte weiter sprechen, aber ein anwesender Italiener unterbrach ihn.

„Unwahr ist, was ihr sagt," sprach der Italiener zum Juden. „Ihr schiebt Gott eine Ungerechtigkeit zu. Gott kann nicht ein Volk mehr lieben, als die andern. Im Gegenteil, wenn Gott auch einst Israel beschirmt hat, so sind bereits achtzehn Jahrhunderte verflossen, daß er euch zürnt und zum Zeichen seines Zornes euer Volk über den ganzen Erdboden zerstreut hat, so daß dieser Glaube nicht nur keine Verbreitung findet, sondern nur noch hie und da besteht. Gott bevorzugt kein Volk und er ruft alle, die erlöst sein wollen, in den Schoß der alleinigen römisch-katholischen Kirche, außerhalb welcher es kein Heil gibt."

So sprach der Italiener. Aber ein anwesender protestantischer Pastor antwortete, bleich geworden, dem katholischen Missionär:

„Wie könnt ihr behaupten, daß das Heil nur in eurer Kirche möglich ist? Ihr sollt es wissen: nur diejenigen werden erlöst, die nach dem Evangelium, Gott im Geiste und in der Wahrheit, dem Gesetze Christi gemäß, dienen wollen."

Da wandte sich an die beiden Christen mit ernster Miene ein Zollbeamter von Surat, ein Türke, der ebenfalls zugegen war und seine Pfeife geraucht hatte.

„Ihr seid ganz fälschlich von der Wahrheit eures römischen Glaubens so überzeugt," sagte er. „Euer Glaube ist bereits seit sechshundert Jahren durch den wahren Glauben Mohameds ersetzt. Und wie ihr selbst sehet, verbreitet sich der wahre Glaube Mohameds immer mehr ebenso in Europa, wie in Asien, ja sogar im aufgeklärten China. Ihr selbst gebt zu, daß die Juden von Gott verstoßen sind und führt als Beweis dessen an, daß die Juden erniedrigt sind und ihr Glaube sich nicht ausbreitet. Erkennt also die Wahrheit des Glaubens Mohameds, denn er ist groß und herrlich und breitet sich ständig aus. Nur wer an den letzten Propheten Gottes, an Mohamed glaubt, wird gerettet werden. Jedoch nur die Nachfolger Omars, nicht die Ali's, weil die Nachfolger des Ali – Ungläubige sind."

Bei diesen Worten wollte der persische Theologe, der zur Sekte Alis gehörte, erwidern. Aber im Kaffeehaus entstand zu dieser Zeit ein großer Streit zwischen sämtlichen anwesenden Fremden der verschiedensten Glauben und Konfessionen. Es waren da abessinische Christen, indische Lamaisten, Ismaeliten und Feueranbeter.

Alle stritten sie über das Wesen Gottes sowie darüber, wie Er zu ehren sei. Jeder behauptete, daß man nur in seinem Lande den wahren Gott und die rechte Weise Ihm zu dienen kenne.

Alle stritten sie und schrien. Nur ein anwesender Chinese, ein Schüler des Konfucius, saß gelassen in einer Ecke und beteiligte sich nicht am Streit. Er trank seinen Tee, hörte zu, was gesprochen wurde und dabei schwieg er.

Der Türke, der mitten im Streite seiner gewahr wurde, wandte sich an ihn und sagte:

„Helfe mir wenigstens du, guter Chinese. Du schweigst, könntest aber etwas zu meinen Gunsten sagen. Ich weiß, daß bei euch in China jetzt verschiedene Glaubenslehren eingeführt werden. Eure Handelsleute haben mir öfter erzählt, daß die Chinesen unter allen Glaubenslehren den mohamedanischen für den besten halten und ihn gerne annehmen. Unterstütze meine Worte und sage uns, was du vom wahren Gott und seinem Propheten denkst."

„Ja, ja, sage uns, was du denkst," wandten sich auch andere an den Chinesen.

Der Chinese, ein Schüler des Konfucius, schloß die Augen, sammelte seine Gedanken und nachdem er die Augen wieder geöffnet und die Arme aus den breiten Ärmeln seines Gewandes frei gemacht und entblößt hatte, kreuzte er dieselben über der Brust und begann mit leiser und ruhiger Stimme zu sprechen.

»,Meine Herren', sagte er, mir scheint, daß die Eigenliebe der Menschen das hauptsächliche Hindernis einer Verständigung in Glaubenssachen ist. Wollt ihr euch die Mühe nehmen, mich anzuhören, so will ich euch dies mit einem Beispiel klar machen.

Ich fuhr aus China nach Surat auf einem englischen Schiffe, das die Welt umkreiste. Unterwegs hatten wir am östlichen Ufer der Insel Sumatra gehalten, um uns mit Wasser zu versehen. Es war um die Mittagszeit herum, als wir vom Schiffe herab gestiegen waren und uns am Meeresufer im Schatten von Kokospalmen niederließen, unweit von einem der Inseldörfer, wir saßen mehrere beisammen, Menschen der verschiedensten Länder.

Während wir so da saßen, kam zu uns ein Blinder.

Dieser Mensch war erblindet, wie wir das nachher erfuhren, weil er zu anhaltend die Sonne betrachtet hatte, da er wissen wollte, was die Sonne sei. Er wollte dies wissen, um sich des Sonnenlichtes zu bemächtigen.

Er mühte sich lange ab, probierte es mit Zuhilfenahme sämtlicher Wissenschaften, um einige Sonnenstrahlen aufzufangen und sie in einer Flasche zu verschließen.

Lange mühte er sich ab, schaute immerwährend in die Sonne und konnte zu nichts gelangen. Das Resultat seiner Mühe war nur, daß ihm vom Sonnenlichte die Augen erkrankten und er erblindete.

Da sprach er zu sich:

– „Das Sonnenlicht ist keine Flüssigkeit, denn wäre es eine Flüssigkeit, so könnte man es aus einem Gefäß in ein anderes gießen und es würde gleich dem Wasser vom Winde bewegt werden. Das Sonnenlicht ist auch kein Feuer, denn wäre es ein Feuer, es würde im Wasser verlöschen. Es ist aber auch kein Geist, denn es ist sichtbar, auch kein Körper, weil man es nicht bewegen kann. Und da das Sonnenlicht weder Flüssigkeit, noch Feuer, weder Geist noch Körper ist, so ist es – ein Nichts."

So hatte er beschlossen und hatte zu gleicher Zeit, weil er unverwandt in die Sonne geblickt und fortwährend über sie nachgedacht hatte, sein Augenlicht und seine Vernunft eingebüßt.

Und als er schon vollständig erblindet war, da wurde er ganz und gar davon überzeugt, daß es keine Sonne gäbe.

Mit diesem Blinden war auch sein Sklave gekommen. Er hatte seinen Herrn in den Schatten des Kokosbaumes gesetzt, hob eine Kokosnuß von der Erde auf und begann daraus eine Nachtlampe zu machen. Er drehte einen Docht aus der Kokosfaser, preßte Öl aus dem Kern in die Nußschale und tauchte den Docht hinein.

Während der Sklave seine Nachtlampe anfertigte, hatte der Blinde zu ihm gesagt:

„Nun, Sklave, hatte ich nicht recht, daß es keine Sonne gäbe? Siehst du, wie finster es ist. Und die Menschen schwatzen von einer Sonne … Ja, was ist denn die Sonne?"

„Ich weiß nicht, was die Sonne ist," – sagte der Sklave. „Ich kümmere mich nicht drum. Das Licht aber kenne ich. Da habe ich eine Nachtlampe gemacht, und sie wird mir leuchten, auch dir kann ich damit einen Dienst erweisen und alles in meiner Hütte finden."

Und der Sklave nahm in die Hand seine Nußschale. „Das," sagt er, „ist meine Sonne."

Daneben saß ein Lahmer mit seiner Krücke. Er hörte dies und lachte.

„Du bist sicherlich von Geburt an blind," sagte er zu dem Blinden, „da du nicht weißt, was die Sonne ist. Ich will dir sagen, was die Sonne ist: sie ist – eine Feuerkugel und diese Kugel steigt alle Tage aus dem Meere hervor und verbirgt sich jeden Abend hinter den Bergen unserer Insel; das sehen wir alle, auch du würdest es sehen, wenn du nicht blind wärest."

Ein Fischer, der daneben saß, hatte diese Worte gehört und sagte zum Lahmen:

„Man sieht's dir an, daß du nirgends außerhalb deiner Insel gewesen bist, wenn du nicht lahm wärest und auf die See hinaus könntest, so würdest du wissen, daß sich die Sonne nicht hinter den Bergen unserer Insel verbirgt, sondern wie sie morgens aus dem Meere steigt, ebenso abends wieder im Meer verschwindet. So ist es, denn ich sehe es alle Tage mit eigenen Augen."

Dies hörte ein Indier.

„Es wundert mich," – sagte er, „wie ein gescheiter Mann so dumm sprechen kann. Ist es denn möglich, daß eine Feuerkugel ins Wasser steigt und dabei nicht verlöscht? Die Sonne ist durchaus keine Feuerkugel, sondern sie ist – eine Gottheit, welche Dewa heißt. Diese Gottheit fährt in einem Wagen über den Himmel herum um den goldenen Berg Speruvia.

Es kommt vor, daß die bösen Schlangen Ragu und Ketu die Dewa überfallen und sie verschlingen, und daß es dann finster wird. Unsere Priester jedoch beten dafür, daß die Gottheit wieder frei werde, und da wird sie frei. Nur solche unwissende Menschen, wie ihr seid, die niemals weiter außerhalb ihrer Insel waren, können sich einbilden, daß die Sonne nur ihre Insel bescheint."

Darauf ließ sich der Besitzer eines ägyptischen Schiffes, der ebenfalls hier zugegen war, hören:

„Nein," sagte er, „auch das ist nicht wahr: die Sonne ist keine Gottheit und sie geht nicht nur um Indien und ihren goldenen Berg herum. Ich bin viel herum gewesen auch auf dem Schwarzen Meere, auch an der arabischen Küste, war auch auf Madagaskar und auf den Philippinen, – die Sonne bescheint alle Länder, und nicht bloß Indien; sie geht nicht bloß um einen Berg herum, sondern erhebt sich bei den Ufern Japans, weshalb diese Inseln auch Japen genannt wurden, was in ihrer Sprache die Geburt der Sonne heißt, und sie geht umher weit, sehr weit im Westen, hinter den Inseln Englands. Ich weiß dies genau, weil ich selbst vieles gesehen und vieles vom Großvater gehört habe, der weit gereist war, bis an den äußersten Meeresrand."

Er wollte noch weiter sprechen, aber ein englischer Matrose unseres Schiffes unterbrach ihn:

„Es gibt kein Land," – sagte er, „wo man besser wüßte, als in England, wie die Sonne kreist, wir in England wissen alle, daß die Sonne nirgends aufsteht und nirgends ruhen geht, sondern unaufhörlich um die Erde sich bewegt, wir wissen dies nur zu gut, weil wir selbst soeben die ganze Erde umschifft haben und nirgends auf die Sonne gestoßen sind. Überall erscheint die Sonne, ganz so wie hier des Morgens und geht am Abend unter."

Und der Engländer nahm einen Stock, zog im Sand einen Kreis und fing an zu erklären, wie die Sonne am Himmel um die Erde kreist. Er konnte es jedoch nicht gut auseinandersetzen und deutete deshalb auf den Steuermann seines Schiffes, indem er sagte:

„Er ist übrigens geschulter als ich und kann euch das besser erklären."

Der Steuermann war ein vernünftiger Mensch und hatte dem Gespräche schweigend zugelauscht, solange er nicht befragt wurde. Aber jetzt, als sich alle an ihn wandten, fing er zu sprechen an und sagte:

„Alle täuscht ihr einander und [euch] selber. Die Sonne kreist nicht um die Erde, sondern die Erde kreist um die Sonne, und sie selbst dreht sich ebenfalls, indem sie im Laufe von vierundzwanzig Stunden Japan und die Philippinen, auch Sumatra, wo wir soeben sitzen, ebenso Afrika, Europa, Asien und viele andere Länder der Sonne zuwendet. Die Sonne leuchtet nicht für einen Berg, auch nicht für eine Insel, auch nicht für ein Meer oder nur allein für die Erde, sondern für viele derartige Planeten, wie die Erde ist. Dies alles könnte ein jeder von euch begreifen, wenn er hinauf auf den Himmel statt unter die eigenen Füße sehen wollte, und sich nicht einbilden würde, daß die Sonne für ihn allein oder mir für sein Heimatsland leuchte."

So sprach der weise Steuermann, der viel in der Welt herum gewesen und viel hinauf zum Himmel geschaut hatte.«

―――――

„Ja, die Verirrungen und Zwistigkeiten der Menschen in Glaubenssachen kommen von der Eigenliebe her," fuhr der Chinese fort, der Schüler des Confucius. „Wie mit der Sonne, so steht's auch mit Gott. Jeder Mensch möchte seinen eigenen Gott haben oder zu mindesten einen Gott seines Heimatslandes. Jedes Volk möchte in seinen Tempel denjenigen eingeschlossen wissen, den die gesamte Welt nicht fassen kann."

„Und kann denn irgend ein Tempel mit demjenigen verglichen werden, den Gott selbst erbaut hatte, damit er ihm alle Menschen in einer Konfession und in einem Glauben vereine?"

„Alle menschlichen Tempel sind nach dem Vorbilde dieses Tempels – der Welt Gottes – gebaut. Alle Tempel haben ihre Taufbecken, ihre Wölbungen, Leuchter, Heiligenbilder, Zuschriften, Gesetzbücher, Opfer, Altäre und Priester. Aber welcher Tempel hat ein ähnliches Taufbecken, wie der Ozean ist, eine Kuppel, wie die Himmelswölbung, Leuchter, wie die Sonne, der Mond und die Sterne, solche Heiligenbilder, wie lebende, liebende, einander beistehende Menschen? Wo sind Zuschriften von der Gnade Gottes zu finden, die so verständlich wären, wie die Wohltaten, die Gott überall, um die Menschen glücklich zu machen, ausstreut? Wo gibt es ein Buch, so für jedermann so klar, als dasjenige ist, welches im Menschenherzen geschrieben steht? Wo sind die Opfer, welche den Opfern der Selbstverleugnung vergleichbar wären, die liebende Menschen für ihre Nächsten bringen? Und wo gibt es einen ähnlichen Altar, wie das Herz des guten Menschen, auf dem Gott selbst die Opfer empfängt?

Je erhabener der Mensch Gott begreift, desto besser wird er ihn kennen. Und je besser er Gott kennen wird, um so mehr wird er sich Ihm nähern, wird Ihm folgen in seiner Güte, Barmherzigkeit und Liebe zu den Menschen."

„Und darum soll derjenige, der das ganze, die Welt erfüllende Sonnenlicht sieht, nicht verurteilen und verachten den abergläubischen Mann, der in seinem Götzenbild nur einen Strahl des nämlichen Lichtes sieht, und ebenso auch nicht jenen Ungläubigen, der erblindet ist und überhaupt kein Licht nicht sieht."

So sprach der Chinese, der Schüler des Konfucius, worauf alle im Kaffeehaus Anwesenden schwiegen und zu streiten aufhörten, wessen Glaube der beste wäre.

Anmerkungen des Herausgebers (pb).

Der von Tolstoi redigierte Text wurde irreführend auch als eigenes Werk des russischen Dichters ediert (Leo Graf TOLSTOJ: Das Kaffeehaus von Surat. Aus dem Russischen von E. von Loev. In: Mitteilungen der Comenius-Gesellschaft. 2. Jg. [1894], S. 105-113).

Die bedeutsamste Publikation zur Erschließung von Tolstois Zeugnissen zur interreligiösen Verständigung wird von uns derzeit für eine Neuedition in der Tolstoi-Friedensbibliothek (Band TFb_B012) bearbeitet: Paul BIRUKOFF (Hg.): Tolstoi und der Orient. Briefe und sonstige Zeugnisse über Tolstois Beziehungen zu den Vertretern orientalischer Religionen. (Reihe: Tolstoi Dokumente, herausgegeben von Paul Birukoff). Zürich und Leipzig: Rotapfel-Verlag 1925.

DAS REICH GOTTES
UND DIE ALLGEMEINE RELIGION[2]

Tagestexte – 14. Juli

Das Reich Gottes ist die Verwirklichung des Gesetzes Gottes unter den Menschen – in dem Maße, in welchem es sich ihnen enthüllt.

1.

Wie wird das Elend verschwinden, wenn jedermann vor allem andern das Reich Gottes und seine Wahrheit suchen wird! Das heißt, wenn jedermann, sich dem Gesetzes Gottes freiwillig unterordnend, zur gewissenhaften Erfüllung der Pflichten, welche ihm dieses Gesetz auferlegt, hinstreben wird?

Das Elend ist die Tochter der Ungerechtigkeit, der selbstsüchtigen Habgier, der sündigen Verachtung von heiligen Menschenpflichten, deren Verletzung so allgemein und ständig ist, daß wir sie in Folge schauderhafter Trübung unseres Gewissens sogar mit Ordnung zu verwechseln gewohnt sind. So komme denn dein Reich, o Herr; es werde dein Gesetz zum Gesetz der Erneuerung der Welt; auf daß nicht Nacktheit das Los von drei Viertel des Menschengeschlechtes sei, auf daß die Welt nicht die Wohnstätte verbitterter und einander verderbender Feinde sei, sondern die Wohnstätte für Brüder, die einander zu Hilfe eilen. Tagtäglich mögen sich eure Kinder mehren und zur Ausrottung des Bösen, zur Niederreißung des Tempels Satans und zur Errichtung deines Tempels aus seinen Trümmern verbinden.

[Hugues Félicité-Robert de] Lamennais
[1782-1854, französischer kath. Theologe]

---

[2] Textquelle | Leo TOLSTOI: Für alle Tage. Ein Lebensbuch. Band II. Erste vollständig autorisierte Übersetzung. Herausgegeben von Dr. E. H. Schmitt und Dr. A. Škarvan. Dresden: Verlag von Carl Reißner 1907, S. 41-43. – Überschrift hier redaktionell vom Herausgeber hinzugefügt.

2.

Nur dann kann man mit Grund behaupten: „daß das Reich Gottes zu uns gekommen sei", wenn auch nur das Prinzip des allmähligen Überganges des Kirchenglaubens zur allgemeinen Vernunftreligion irgendwo auch öffentlich Wurzel gefaßt hat. Möge die wirkliche Erreichung desselben noch in unendlicher Weite von uns entfernt liegen, so ist doch in diesem Prinzip, als in einem sich entwickelnden, und in der Folge wiederum besamendem Keime das Ganze, welches dereinst die Welt erleuchten und beherrschen soll, enthalten.

Im Leben der Welt sind Jahrtausende wie ein Tag. Wir müssen geduldig an dieser Erreichung arbeiten und ihrer harren.
Nach Kant.

3.

Das Reich Gottes auf Erden, das ist die letzte Bestimmung des menschlichen Wünschens. (Dein Reich komme.) Christus hat es herbeigerückt, aber man hat ihn nicht verstanden, und das Reich der Priester errichtet, nicht das Gottes in uns.
Nach Kant.

4.

Es naht die Zeit, wo der zeremonielle, mündliche Gottesdienst, der uns mit seiner Poesie und Pracht anzieht, wo die gewaltsame Gesellschaftsordnung, die uns als unvermeidlich erscheint, durch das Verständnis des Menschenlebens verdrängt wird. Es kommt die Zeit des Himmelreichs, des Reiches Gottes auf Erden, wo unser Leben selbst in allen seinen Handlungen gänzlich von bewußtem Preisen der Gottheit, von fortwährender Poesie wahren Gottesdienstes erfüllt wird, dessen Entzücken der Mensch in seinem Innern empfindet, indem er das göttliche Gebot erfüllt, seinem Nächsten hilft, den Untergehenden rettet und die Liebesgebote Christi erfüllt.

Eine Hauptsache ist erforderlich, es ist erforderlich die Religion in ihrer wahren Bedeutung zu begreifen: nicht im Sinne von Zauberei und Beschwindelung der Menschen, sondern im Sinne der Wissenschaft, des Begreifens des Menschenlebens, – aber ein Begreifen in dem Sinne, daß man unter Gottesdienst nicht etwas Mystisches, Übernatürliches verstehe, was ohne Pfaffen und ohne Segen geschehen kann, sondern daß man unter Gottesdienst die Liebe zu Gott und dem Nächsten, einen Dienst des Nächsten, eine lebendige persönliche Tätigkeit zum Heile desselben, zum Allgemeinwohl d. h. eine Ausübung des Guten verstehe.

Buka.[3]

Das Reich Gottes ist in euch. Darum suchet das Reich Gottes in euch, und alles übrige wird sich ganz nach eurem Wunsche vollziehen.

---

[3] [*„Buka"*, russisch „Schreckgespenst, Misanthrop = Pseudonym des Veterinärgehilfen und Publizisten Alexander Iwanowitsch Archangelski (1857-1906). – Hinweis aus der von Christiane Körner betreuten erweiterten Neuauflage des Lesewerks (L. Tolstoi: Für alle Tage, Verlag C. H. Beck München 2010). – ‚Buka' (‚Butzemann') war mit Tolstoi befreundet, vgl. Dirk FALKNER: Straftheorie von Leo Tolstoi. (= Juristische Zeitgeschichte – Abteilung 6, Band 57). Berlin/Boston: Walter de Gruyter 2021, S. 151.]

„WENN WIR NUR AUF DAS HÖREN WOLLTEN, WAS GOTT ZUM HERZEN DES MENSCHEN SAGT ..."

Jean-Jacques Rousseau[4]

Hat Gott nicht unserem Gewissen und unserer Vernunft alles offenbart? Das, was die Menschen für Offenbarungen Gottes ausgeben, kann ihn nur herabwürdigen, indem sie ihm menschliche Leidenschaften zuschreiben. Statt unsere Begriffe von dem höchsten Wesen aufzuklären, verwirren nur die einzelnen Dogmen dieselben; statt unseren Gottesbegriff zu veredeln, erniedrigen sie ihn; zu den unergründlichen Geheimnissen, welche Gott umgeben, fügen sie sinnlose Widersprüche hinzu, welche dann den Menschen stolz, unduldsam und grausam machen; statt Frieden auf Erden herzustellen, bringen sie den Kampf. Ich frage mich, wozu das alles? Und kann keine Antwort darauf finden. Ich sehe darin nichts als Verbrechen der Menschen und durchaus kein Glück.

Man sagt mir, eine Offenbarung sei nötig gewesen, um die Menschen zu belehren, wie Gott verehrt werden solle; als Beweis dafür führt man die Verschiedenartigkeit der Konfessionen an, welche in der Welt eingeführt sind, und man will nicht begreifen, daß diese Verschiedenartigkeit eben von der Offenbarung herrührt. Seitdem die Menschen auf den Einfall gekommen sind, Gott sprechen zu lassen, hat ihn jeder auf seine Weise und nach seinem Gefallen sprechen lassen. Wenn wir nur auf das hören wollten, was Gott zum Herzen des Menschen sagt, so würde es nur eine Religion auf Erden geben.

Man sagt, ein gleichmäßiger Gottesdienst wäre notwendig; Gott aber verlangt nur e i n e n Gottesdienst, dies ist der Dienst des Herzens, und dieser ist immer gleichförmig, falls er nur aufrichtig ist. Es ist ein Wahn, wenn man sich einbildet, Gott lege irgend ein Gewicht auf die Kleidung des Priesters, auf die Reihenfolge der Worte, die er vorträgt, und auf die Geberden [sic], welche er vor dem Altar macht, sowie auf seine Kniebeugungen. Mit Nichten, mein Freund, halte

---

[4] Textquelle I Leo TOLSTOI: Für alle Tage. Ein Lebensbuch. Band II. Dresden 1907, S. 318-324. (Überschrift hier redaktionell vom Herausgeber hinzugefügt.)

dich kerzengerade und du wirst dennoch der Erde nahe genug bleiben. Gott will im Geiste und in der Wahrheit angebetet werden, und dies ist die Pflicht aller Religionen, aller Länder und aller Menschen.

Als ich die Verschiedenheit der auf Erden herrschenden Sekten erwog, die sich gegenseitig der Lüge und des Irrtums beschuldigen, mußte ich mich fragen: „welche ist denn die wahre unter ihnen?" und alle gaben mir zur Antwort: „die meinige." Jeder sagte mir: „Nur ich allein und meine Glaubensgenossen denken richtig, alle anderen sind im Irrtum." „Weil Gott es gesagt hatte." Und woher weißt du, daß Gott es gesagt hatte? „Von meinem Pfarrer, welcher es sicher weiß. Mein Pfarrer sagt mir, daß ich so glauben solle, wie er sagt, und so glaube ich auch; er versichert mich, daß alle, welche nicht mit ihm einverstanden sind, lügen, und darum höre ich nicht auf sie."

„Wie!" – dachte ich: „ist nicht die Wahrheit eine einige? Und kann das, was bei uns richtig ist, bei Euch unrichtig sein? Wenn die Beweisführung bei dem, welcher den rechten Weg geht, dieselbe ist, wie die des Irrenden, wie kann ich da die Zweie von einander unterscheiden? Folglich ist die Wahl nur ein Spiel des Zufalls; und die Menschen dafür beschuldigen, hieße soviel als sie beschuldigen, weil sie in diesem und nicht in jenem Lande geboren sind.["]

Entweder sind alle Religionen gut und gottgefällig, oder es gibt eine besondere, welche er selbst den Menschen vorgeschrieben hatte und für welche er sie, wenn sie sie nicht befolgen, bestraft. Solchenfalls hat er sie aber, zweifelsohne, durch untrügliche und sichere Merkmale kenntlich gemacht, so daß diese wahre Religion unterschieden und erkannt werden kann. Diese Merkmale müssen an allen Orten allen Menschen gleich zugänglich sein, großen und kleinen, gelehrten und unwissenden, Europäern, Indianern, Afrikanern, Wilden.

Gäbe es eine Religion auf Erden, die alle, welche sie nicht bekennen, mit ewiger Verdammnis bestraft, und lebte irgendwo auf Erden, wenn auch nur ein einziger Sterblicher, der aufrichtig nach Wahrheit strebte und sich dennoch von der Richtigkeit dieser Religion nicht hätte überzeugen können, so wäre der Gott einer solchen Religion, der grausamste und ungerechteste der Tyrannen.

Man sagt mir: „Höre nicht auf deine Vernunft!" Ein Gleiches kann mir jedoch auch der sagen, welcher mich täuscht. Ich bedarf eines Beweisgrundes, um auf die eigene Vernunft nicht zu hören.

Da wir Menschen alle derselben Gattung angehören, so kann ich alles, was ein Mensch auf natürlichem Wege begreifen kann, ebenfalls begreifen; und jeder andere Mensch kann sich ebenso irren, wie ich mich irren kann; glaube ich, was mir andere sagen, so glaube ich es nicht deshalb, weil es mir von dem einen oder anderen Menschen gesagt wurde, sondern deshalb, weil er mir das Gesagte beweist. Darum sind im Grunde genommen die Zeugnisse der Menschen nur Zeugnisse meiner eigenen Vernunft und sie fügen nichts bei zu den natürlichen Mitteln, welche mir Gott zur Erkenntnis der Wahrheit gegeben hat. Was vermögt Ihr mir, Apostel der Wahrheit, zu sagen, worüber ich nicht Richter wäre? „Gott selbst hat so gesprochen, vernehmet seine Offenbarung! Höret, wie Gott es gesagt hat!" Das ist natürlich ein großes Wort, aber zu wem hat er denn so gesprochen? „Zu den Menschen." Warum habe denn ich davon nichts gehört? „Er hat anderen Menschen den Auftrag erteilt, dir seine Worte mitzuteilen." Meinetwegen, also Menschen sind es, die mir mitteilen werden, was Gott gesagt hat. Wäre es nicht besser, wenn es mir Gott selbst direkt mitgeteilt hätte? Für ihn wäre dies nicht schwieriger gewesen, und ich wäre vor der Möglichkeit einer Täuschung bewahrt. „Jedoch er bezeugt dir die Wahrheit seiner Worte, indem er die Sendung seiner Apostel beglaubigt." Wodurch denn? „Durch Wunder." Und wo sind diese Wunder? „In Büchern." Und wer hat diese Bücher geschrieben? „Menschen." Und wer hat diese Wunder gesehen? „Menschen, die sie bezeugen." Wie, also wieder menschliche Zeugnisse! Immer nur Menschen, welche mir erzählen, was ihnen andere Menschen erzählt haben. Wie viele Menschen gibt es denn zwischen Gott und mir! Laßt uns aber trotzdem prüfen und vergleichen. O, hätte mich Gott mit all dieser Arbeit verschont; würde ich ihm deshalb weniger eifrig gedient haben?

Und merken Sie es, welche mühselige Arbeit wir uns jetzt auferlegen, welche Gelehrsamkeit dazu gehört, all diese Altertümer zu unterscheiden, all diese Prophezeiungen, Offenbarungen, Tatsachen, all die Denkmäler des Glaubens zu untersuchen, abzuwägen, zu vergleichen, um Zeit, Ort, Urheber und Umstände zu bestimmen. Und wie genaue kritische Urteilskraft muß man haben, um sich auszukennen, welche Denkmäler echt, welche unecht sind, um die Entgegnungen mit den Antworten, die Übersetzungen mit den Originalen zu vergleichen; um über die Unparteilichkeit der Zeugen, über ihre gesunde Vernunft und ihre Aufgeklärtheit urteilen zu können; um entscheiden zu können, ob dieselben nichts ausgelassen, nichts hinzugefügt, nichts verwechselt haben; um die noch bleibenden Widersprüche aufzuheben, um das Schweigen der Gegner zu beurteilen, sowie auch das, was gegen sie vorgebracht wurde, zu erfahren, ob ihnen das, was gegen sie gesprochen wurde, bekannt war, was es war, was gegen sie eingewendet wurde usw. usw.

Sobald man endlich diese Zeugnisse für glaubwürdig erkannt hat, müssen wir ferner noch den Beweis von der Echtheit der Mission ihrer Urheber liefern. Man muß die Möglichkeiten und Wahrscheinlichkeiten der Weissagungen ohne Beimischung von Wundern kennen, muß den Geist der betreffenden Sprachen kennen, um zu unterscheiden, was in diesen Sprachen Weissagung und was nur Redekunst ist, welche Geschehnisse natürlicher und welche übernatürlicher Art sind, muß entscheiden können, bis zu welchem Grade ein geschickter Mensch die Augen der Einfältigen und sogar die Gebildeten in Erstaunen zu setzen vermochte; muß die Kennzeichen der wirklichen Wunder und jenen Grad der Wirklichkeit, nach welchem sie erkannt werden müssen, herausfinden können, man muß die Beweise für die wahren und falschen Wunder vergleichen, muß sichere Regeln finden, um sie unterscheiden zu können, muß endlich entscheiden, weshalb Gott zur Bekräftigung seines Wortes Mittel gebraucht hat, welche der Bekräftigung bedürfen, als ob er absichtlich ein Spiel getrieben hätte.

Zugegeben, daß die göttliche Majestät sich derart herablassen kann, einen Menschen zum Organe seines heiligen Willens zu machen; ist es denn vernünftig und gerecht zu verlangen, daß das ganze Menschengeschlecht der Stimme dieses Auserkorenen gehorche, ohne daß diese seine Mission unzweifelhaft gemacht wird? Ist es denn gerecht zur Bekräftigung seiner Mission nur einige besondere Zeichen vor wenigen unentwickelten Leuten zu tun, während alle übrigen Menschen nur durch Hörensagen davon Kenntnis erhalten? Will man alle Wunder für wahr halten, welche das Volk und verschiedene unentwickelte Menschen gesehen zu haben behaupten, so würde jede Sekte die einzig wahre sein und es gebe mehr Wunder, als Naturereignisse in der Welt. Die unwandelbare Weltordnung bekräftigt es mir eben am meisten, daß man die Weisheit erkennen muß. Würde die Weltordnung so viele Ausnahmen zulassen, so wüßte ich nicht, was ich darüber zu halten habe, und ich glaube zu sehr an Gott, als daß ich an eine solche Menge von Wundern, die seiner so unwürdig sind, glauben könnte. Die Wunder jedoch, von denen ihr berichtet, fanden in dunklen Ecken, in Wüsten statt, dort, wo es nicht schwer ist, die von vornherein zum Aberglauben geneigten Zuschauer in Verwunderung zu setzen. Wer kann mir sagen, wie viel Augenzeugen nötig sind, um ein Wunder glaubwürdig zu machen? Wenn die Wunder, welche ihr zum Beweise eurer Lehre vorbringt, erst selbst des Beweises bedürfen, wozu nützen sie dann? Ihr hättet sie ganz und gar unterlassen können.

Jetzt bleibt uns noch die wichtigste Erörterung übrig, die Erörterung der Frage derjenigen Lehre, welche ihr verkündigt, nämlich, daß wenn diejenigen, welche behaupten, Gott tue Wunder, zugleich auch behaupten, daß der Teufel dieselben oftmal nachahme, so wird die Frage selbst durch die bestbeglaubigten Wunder nicht entschieden; und da die Zauberer Pharaos selbst in Moses Gegenwart dieselben Wunder taten, welche er dem Willen Gottes gemäß tat, so stand ihnen nichts im Wege in Moses Abwesenheit zu behaupten, daß sie ihre Wunder im Namen Gottes tun. Folglich muß man, nachdem man die Lehre durch Wunder bewiesen hat, die Wunder wieder durch die Lehre beweisen, weil man sonst das Werk des Teufels mit dem Gotteswerk verwechseln kann.

Die Lehre, welche von Gott stammt, muß eine heilige, göttliche Eigenart haben, muß uns nicht nur alle unsere verworrenen Gottesbegriffe klar machen, sondern muß uns auch eine Moral und unseren Gottesbegriffen entsprechende Vorschriften geben.

Wenn uns also die Lehre nur widersinnige Dinge vorsetzte, wenn sie in uns das Gefühl der Abneigung gegen unsere Mitmenschen weckte, uns Gott als einen zornigen, eifersüchtigen, racheerfüllten, partei[i]schen, menschenfeindlichen Gott darstellte, als einen Gott des Krieges und der Schlachten, der stets bereit ist, zu vernichten und zu zerschmettern, stets von Höllenqualen redet und sich dessen rühmt, daß er die Unschuldigen strafe, mein Herz würde sich zu diesem schrecklichen Gotte nicht hingezogen fühlen. „Euer Gott ist nicht der meinige," würde ich zu diesen Sektanten sagen. Ein Gott, der damit anfängt, daß er sich ein einziges Volk auserwählt und die übrige Menschheit aus seinem Herzen ausschließt, kann nicht unser gemeinschaftlicher Vater sein; derjenige, welcher die meisten seiner Geschöpfe zu ewigen Qualen bestimmt, ist nicht der barmherzige und gütige Gott, den mir meine Vernunft erschließt.

Bezüglich der Dogmen sagt mir aber die Vernunft, daß sie klar zu sein haben, daß sie erschütternde und evidente Wahrheiten enthalten müssen. Der Glaube wird durch das Verständnis gestärkt; und die beste aller Religionen ist die, welche die klarste ist; diejenige dagegen, welche den Kultus, den sie predigt, mit Geheimnissen, Widersprüchen vollpfropft, macht mich gerade dadurch mißtrauisch. Der Gott, den ich anbete, ist nicht ein Gott der Finsternis, er hat mir die Vernunft nicht dazu verliehen, um mir den Gebrauch derselben zu untersagen, wenn man mir sagt, ich solle auf meine Vernunft nicht hören, so sehe ich darin eine Beleidigung dessen, der sie erschaffen hat.*

———

*Anmerkung des Übersetzers [zur deutschsprachigen Ausgabe von Leo Tolstois Lesewerk]: Habe mich bei der Übersetzung im wesentlichen an den deutschen Text von H. Denhardt (Reclam) gehalten.

Tagestexte – 7. Oktober

Die Notwendigkeit einer Anerkennung Gottes wird am deutlichsten dann empfunden, wenn wir auf Ihn verzichten, Seiner vergessen.

1.

Alles was ich kenne, kenne ich deshalb, weil ein Gott da ist und ich Ihn kenne.

Einzig hierauf kann man fest fußen in seinen Beziehungen zu den Menschen, zu sich selbst, sowie auch zum Leben außer Raum und Zeit. Nicht nur finde ich dies nicht mystisch, sondern ich finde, daß die entgegengesetzte Anschauung mystisch ist und daß das die einzige allen verständliche zugängliche Realität ist. Auf die Frage: Was denn Gott sei? habe ich geantwortet: Gott ist das Unendliche, das All, als dessen Teil ich mich erkenne.

Gott ist für mich dasjenige, wonach ich strebe, dasjenige, im Hinstreben nach welchem mein Leben besteht und welches daher für mich d a i s t; jedoch unbedingt derartig, daß ich Ihn nicht begreifen, nicht benennen kann. Falls ich Ihn begreifen könnte, erreichte ich Ihn und ich hätte nicht wonach zu streben, und es gäbe kein Leben mehr.

Ich kann ihn nicht begreifen und nicht benennen, zugleich aber kenne ich Ihn, kenne die Richtung zu Ihm, es ist dies sogar von all meinem Wissen das Glaubwürdigste. Es ist mir allemal ängstlich zu Mute, wenn ich ohne Ihn bin; und nur dann bin ich furchtlos, wenn ich mit Ihm bin.

2.

Religiöse Handlungen, die selbstsüchtigen Zielen entspringen, wie Gebete um Regen oder Opfer d e s L o h n e s halber in der künftigen Welt, sind stets eigennützig, aber die Tat, die infolge der Erkenntnis

---

[5] Textquelle I Leo TOLSTOI: Für alle Tage. Ein Lebensbuch. Band II. Dresden 1907, S. 351-353. (Überschrift hier redaktionell vom Herausgeber hinzugefügt.)

Gottes und ohne Eigenliebe getan wird, ist uneigennützig und verdienstlich.

In allen Geschöpfen und Dingen eine höhere Vernunft erkennend, bringt der wahre Verehrer seinen Verstand als Opfer dar, indem er ihn zum Geiste Gottes hinlenkt, und er nähert sich der Natur Dessen, Der mit seinem eigenen Lichte strahlt.

Möge jeder Brahmane sorgfältig die Natur betrachten, die sichtbare so wie auch die unsichtbare, als etwas in der göttlichen Vernunft Bestehendes; denn wenn er die unendliche Welt in der göttlichen Vernunft betrachtet, kann er schon bösen Anschlägen nicht mehr fröhnen.

Gesetze des Manu.

3.

Wenn ich dir von Gott rede, so glaube ja nicht, daß ich dir von irgend einem Gegenstande, verfertigt aus Gold oder Silber, spreche. Der Gott, von dem ich dir rede – den fühlst du in deiner Seele. Du trägst ihn in deinem Innern und mit deinem unreinen Vorhaben und abscheulichen Handlungen besudelst du sein Bild in deiner Seele. Vor dem goldenen Götzen, den du als Gott verehrst, scheuest du dich etwas Ungebührliches zu tun, aber vor dem Angesichte jenes Gottes, der in dir selbst wohnt und der alles sieht und hört, errötest du nicht einmal, wenn du deinen abscheulichen Gedanken und Taten nachhängst.

Wenn wir uns beständig dessen eingedenk sein wollten, daß Gott in uns Zeuge alles dessen ist, was wir tun und denken, so würden wir aufhören zu sündigen und Gott würde in uns beständig weilen. Laßt uns also möglichst oft Gottes gedenken, über ihn nachdenken und sprechen.

Epiktet.

4.

Gott ist kein Götze, zu dem man beten und den man schmeicheln soll; Gott ist das Ideal, das der Mensch in seinem alltäglichen Leben zu verwirklichen hat.

Lucy Mallory.

5.

Nicht dann, wenn ich mich zu Ihm begebe, sondern gerade dann, wenn ich mich von Ihm abwende, wenn ich Ihn verlasse, – gerade dann erkenne ich, daß Gott ist. Ich sage „Gott", jedoch ich weiß nicht sicher, ob ich ihn recht nenne. Sie werden verstehen, was ich meine. *Thoreau.*

6.

Man soll sich niemals vorsätzlich Gott annähern: „Nun nähere ich mich Gott an, nun fange ich ein Leben in Gott an. Ich habe dem Teufel nachgelebt, nun will ich Gott nachleben. Ich will es versuchen, es kann mir doch nicht schaden ..." Allerdings wird es dir schaden, und zwar ungemein schaden. Mit dem Gehen zu Gott ist es ähnlich wie mit dem Heiraten. Man soll es nur dann tun, wenn man trotz des Wunsches, nicht zu gehen, nicht zu heiraten, es dennoch nicht unterlassen kann. Nicht, als ob ich sagte: „suche vorsätzlich das Ärgernis"; sondern jedem, der die Frage so stellt: „Heda, ich will es versuchen, ob ich mich nicht verrechne, wenn ich statt zum Teufel, zu Gott hingehe?" schreie ich aus voller Kehle zu: „Gehe, gehe nur hin zum Teufel, unbedingt zum Teufel!" Es ist hundertmal besser, sich am Teufel zu verbrennen, als am Scheidewege zu stehen oder heuchlerisch zu Gott zu gehen.

7.

Wenn der Mensch auch nicht weiß, daß er Luft atmet, er weiß es, daß er etwas einbüßt, wenn er den Atem verliert. Dasselbe geschieht auch mit dem Menschen, der Gottes verlustig wird, wenn gleich er Ihn nicht erkennt.

————

Gottes eingedenk sein – ist etwas Großes. Nicht mit Worten Seiner gedenken, sondern so leben, als ob Er jede meiner Taten verfolge, sie verdammend oder billigend. Die russischen Bauern pflegen zu sagen: „Hast du etwa Gott vergessen."

Bibliographische Übersicht
zu den dargebotenen Tolstoi-Texten

WAS IST RELIGION? (1901/02)

Russischer Text I Lew N. TOLSTOI: Čto takoe religija i v čem suščnost' eja? I Tschto takoje religija i w tschom ssuschtschnost ejo? (Was ist Religion und worin besteht ihr Wesen?, 1901/02). In: PSS [Russische Gesamtausgabe in 90 Bänden, Moskau 1928-1957ff: Polnoe sobranije sočinenij v 90 tomach]. Band 35. Moskau 1950, S. 157-198. [Als Internet-Ressource: http://tolstoy.ru/creativity/90-volume-colecti on-of-the-works].

Übersetzung N. Syrkin I Graf Leo Tolstoi: Was ist Religion? Deutsch von Dr. N[ach-man]. Syrkin. Berlin: Hugo Steinitz 1902. [112 Seiten] [Diese Ausgabe erschien mit identischem Satzbild ab Kapitel I, jedoch unter dem abweichenden Buchtitel „Religion" und ohne Nennung des Übersetzernamens auch im Berliner Globus Verlag; 112 Seiten, ohne Eintrag eines Erscheinungsjahres.]

Übersetzung I. Ostrow I Leo N. TOLSTOJ: Was ist Religion und worin besteht ihr Wesen? Mit Anhang. Übersetzt von Iwan Ostrow. Leipzig: Eugen Diederichs Verlag 1902. [115 Seiten; enthält: Was ist Religion, Gewissensfreiheit, Ein Brief an die Minister.] – *Neuauflage 1911.* Leo N. TOLSTOJ: Was ist Religion und worin besteht ihr Wesen? Übersetzt von Iwan Ostrow. Mit Anhang. In: Leo N. Tolstoj: Religiös-ethische Flugschriften Band I. (= Leo N. Tolstoj: Gesammelte Werke. II. Serie, Band 10. Von dem Verfasser genehmigte Ausgabe von Raphael Löwenfeld). Jena: Eugen Diederichs 1911. [115 Seiten; eigene Paginierung.]

Tagebucheinträge zu diesem Text I Leo N TOLSTOI: Tagebücher 1847-1910. Aus dem Russischen übersetzt von Günter Dalitz. München: Winkler 1979, S. 620, 637, 638, 639, 640 (Seitenangaben nach Register).

Sekundärliteratur I Martin GEORGE / Jens HERLTH / Christian MÜNCH / Ulrich SCHMID (Hg.): Tolstoj als theologischer Denker und Kirchenkritiker. Zweite Auflage. Göttingen: Vandenhoeck & Ruprecht 2015, S. 328, 411, 426, 588, 659.

GEWISSENSFREIHEIT – ÜBER DIE GLAUBENSTOLERANZ (1901)

Russischer Text I Lew N. TOLSTOI: O veroterpimosti (Über die Glaubenstoleranz, 1901). In: PSS [Russische Gesamtausgabe in 90 Bänden, Moskau 1928-1957ff: Polnoe sobranije sočinenij v 90 tomach]. Band 34. Moskau 1952, S. 291-298. [Als Internet-Ressource: http://tolstoy.ru/creativity/90-volume-colection-of-the-works].

Übersetzung 1992/1911 I L. N. TOLSTOJ: Gewissensfreiheit. Übersetzt von Raphael Löwenfeld. In: L. N. Tolstoi: Religiös-ethische Flugschriften Band I. (= Leo N. Tolstoj: Gesammelte Werke. II. Serie, Band 10. Von dem Verfasser genehmigte

Ausgabe von Raphael Löwenfeld). Abteilung „Was ist Religion und worin besteht ihr Wesen". Jena: Eugen Diederichs 1911, S. 91-106. [Erstauflage 1902.]

Übersetzung 1929 I L. N. TOLSTOJ: Über Duldung [1901-1902]. In: L. N. Tolstoj: Ausgewählte Werke, herausgegeben von W[illy]. Lüdtke. Band XII.: Weltanschauung. Auswahl von W. Lüdtke. Wien/Hamburg/Zürich: Gutenberg-Verlag Christensen & Co. 1929, S. 117-124.

DER GRÜNE STAB (1904/05)

Russischer Text I Lew N. TOLSTOI: Zelenaja paločka (Der grüne Stab, 1904/05). In: PSS [Russische Gesamtausgabe in 90 Bänden, Moskau 1928-1957ff: Polnoe sobranije sočinenij v 90 tomach]. Band 36. Moskau 1936, S. 407-415. [Als Internet-Ressource: http://tolstoy.ru/creativity/90-volume-colection-of-the-works].

Übersetzung 1911 I Leo N. TOLSTOI: Der grüne Stab. Übersetzt von Wilhelm Löwenthal. In: Religion und Geisteskultur. Zeitschrift für religiöse Vertiefung des modernen Geisteslebens. 5. Jahrgang (1911), Heft 2. [Neu abgedruckt in Lew TOLSTOJ: Zeiten des Erwachens. Freiburg/Basel/Wien: Herder 1991, S. 19-35.]

Übersetzung 1929 I L. N. TOLSTOJ: Das grüne Stäbchen [1905]. In: L. N. Tolstoj: Ausgewählte Werke, herausgegeben von W. Lüdtke. Band XII.: Weltanschauung. Auswahl von W. Lüdtke. Wien/Hamburg/Zürich: Gutenberg-Verlag Christensen & Co. 1929, S. 67-77.

AUS DEM LESEZYKLUS FÜR ALLE TAGE (1904-1906)
Von Leo Tolstoi ausgewählte und selbst verfasste Texte

Russischer Text des Lesewerkes I Lew TOLSTOI (Hg.): Krug čtenija [Lesezyklus, 1904ff]. = PSS [Russische Gesamtausgabe in 90 Bänden, Moskau 1928-1958ff: Polnoe sobranije sočinenij v 90 tomach], Band 41/42. Moskau 1957. [Als Internet-Ressource: http://tolstoy.ru/creativity/90-volume-colection-of-the-works]

Textquellen der gebotenen Übersetzungen I Leo TOLSTOI: Für alle Tage. Ein Lebensbuch. Band I. Erste vollständig autorisierte Übersetzung. Herausgegeben von Dr. E[ugen]. H[einrich]. Schmitt und Dr. A[lbert]. Škarvan. Dresden: Verlag von Carl Reißner 1906. [572 Seiten] – Leo TOLSTOI: Für alle Tage. Ein Lebensbuch. Band II. Erste vollständig autorisierte Übersetzung. Herausgegeben von Dr. E[ugen]. H[einrich]. Schmitt und Dr. A[lbert]. Škarvan. Dresden: Verlag von Carl Reißner 1907. [712 Seiten]

Neue Edition des Lesewerks für alle Tage (*letzte Gesamtausgabe, erweitert*) I Lew TOLSTOI: Für alle Tage. Ein Lebensbuch. Mit einem Geleitwort von Volker Schlöndorf und einem Nachwort von Ulrich Schmid. Auf Grundlage der russischen Ausgabe letzter Hand von Christiane Körner revidierte und ergänzte Übersetzung von E. Schmitt und A. Škarvan. München: C. H. Beck 2010. [Sowie Lizenzausgabe, Berlin: Fröhlich & Kaufmann Verlag 2018.]

Der Band erscheint in der Reihe A des Editionsprojekts
‚Tolstoi-Friedensbibliothek' zur (Neu-)Erschließung
gemeinfreier Übersetzungen von ‚religionsphilosophischen
(theologischen) und sozialethischen Schriften' Leo N. Tolstois.
Über weiterführende Literatur, zu unseren Angeboten
sowie zum Kreis der Beteiligten (Konzeption
und Herausgeberschaft, Bearbeitung, Beratung,
Kooperationspartner*innen) informiert die Projektseite:
www.tolstoi-friedensbibliothek.de